दिल से

अतुल मलिकराम

प्रस्तावना

इस किताब का हर एक लेख मेरे जीवन के अनुभवों और विचारों से पिरोया गया है। यह विभिन्न महत्वपूर्ण विषयों का बखान खुद में समाहित किए हुए है, जिसमें हमारे भारत देश की विराट संस्कृति, अतुल्य विरासत, प्रेरणा, समाज, शिक्षा, व्यापार और राजनीति से जुड़े मेरे अनुभवों का मंथन शामिल है।

विशेष आभार

श्री सच्चिदानंद साईंनाथ महाराज और माता-पिता के आशीर्वाद से अभिभूत सुरभि, पवन, इकबाल और अशोक दुबे जी के सहयोग के बिना असंभव, टीम अतुल की मेहनत, पत्नी शालिनी और बेटी तेजस्विनी के हिस्से के कुछ लम्हें चुराकर, इस किताब के हर एक पन्ने में प्यार और प्रेरणा के बीज बोए हैं। मेरे जीवन के सभी विशेष जनों का तहे-दिल से आभार....

समर्पित

कोविड महामारी की वजह से अपनी जिंदगी की जंग हारने वाले हर एक व्यक्ति और उसके परिवार को समर्पित...

Covid-19

अनुक्रमणिका

क्रम संख्या | विवरण | पृष्ठ संख्या

क्रम संख्या	विवरण	पृष्ठ संख्या

दिल से...

शिक्षा

आवश्यकता है पुरानी कहावत, "छड़ी पड़े छम-छम, विद्या आए घम-घम" को पुनः जीवित करने की

देश-दुनिया को झकझोर कर रख देने वाली महामारी ने पिछले दो वर्षों में कई क्षेत्रों को प्रभावित किया है। इन सबसे परे एक बहुत बड़ा वर्ग है, जो सभी का ध्यान आकर्षित करता है, वह है प्राथमिक कक्षाओं के छात्र। हम मानें या न मानें, लेकिन महामारी के कारण यह वर्ग कई वर्ष पिछड़ चुका है। यदि हम गौर करें, तो पाएंगे कि महामारी के दौरान कई ऐसी चिंताजनक गतिविधियों में बढ़ोतरी हुई है, जिसके परिणामस्वरुप शिक्षा का क्षेत्र सबसे अधिक प्रभावित हुआ है। उम्र के उस पड़ाव में ये बच्चे लम्बे समय से घरों में कैद हैं, जिस समय सही मायने में उनमें ज्ञान की नींव रखी जाती है तथा अनुशासन का सृजन किया जाता है। वरन् हम सोचते हैं कि बच्चे घर में हैं और हमारी आंखों के सामने हैं, इसलिए उन्हें हमारी जरूरत नहीं हो सकती है, लेकिन सत्य यह है कि किशोरों की तुलना में, एक छोटे बच्चे को अधिक ध्यान और देखभाल की आवश्यकता होती है। लेकिन अब यह देखभाल केवल प्यार तक सीमित नहीं है, इस देखभाल के लिए थोड़ा कठोर भी होना होगा।

पुरानी कहावत है, "छड़ी पड़े छम-छम, विद्या आए घम-घम।" यानी शिक्षक की मार आपके जीवन को चमकाने में अहम् भूमिका निभाती है। हालाँकि, नई शिक्षा नीति में इस पर विराम लगा दिया गया है। लेकिन यदि यह जीवंत होता, तो हमें काफी हद तक बच्चों के भविष्य की चिंता कम होती। यह सत्य है कि शिक्षक की मार के डर से बच्चे के साथ-साथ वाकई में अनुशासन का काफिला चला करता था। छड़ी की मार, जो बच्चों के ज्ञान में निखार लाने का काम करती थी, आँखों का डर, जो उन्हें अनुशासित रखने में खासा योगदान देता था, कानों का उमेठा जाना, जो उनके द्वारा की गई गलती का उन्हें तुरंत एहसास कराता था। घरों में बिताने वाले लगभग दो वर्षों के इस समय ने बच्चों को अनुशासन से पूर्णतः वंचित कर दिया है। इसमें कोई दो राय नहीं है कि बच्चे माता-पिता की अपेक्षा शिक्षक से अधिक डरते हैं, और यही डर उनके लिए सुनहरा भविष्य गढ़ने में योगदान देता है।

दिनभर परिवार जनों के साथ रहकर बच्चे महज परिवार में ही सीमित होकर रह गए हैं, नए लोगों के साथ सहज होने में कल की पीढ़ी को कई मुश्किलों से होकर गुजरना पड़ेगा, जिसका असर प्रत्यक्ष रुप से उनके भविष्य पर पड़ेगा।

शिक्षक की डाँट को बच्चे भूल चुके हैं। आने वाला कितना समय इस दूरी को और अधिक बढ़ाने का काम करेगा, इस पर टिप्पणी कर पाना भी उचित नहीं है। मौजूदा समय में विकार अनेक हैं, इसलिए उन्हें ठीक करने की आवश्यकताएं भी अलग हैं। लेकिन कुछ बातें समान हैं, जो उन्हें इस तरह की समस्याओं से उबारने में मदद कर सकती हैं। इसलिए अब माता-पिता आगे होकर बच्चों को संगीत, नृत्य और अन्य कलात्मक चीजों में अपना समय लगाने के लिए प्रोत्साहित करें, उनके साथ आप भी इन गतिविधियों का हिस्सा बनें। शिक्षक उन्हें ग्रुप में पढ़ाई करने का कार्य दें। साथी ही उन्हें ग्रुप असाइनमेंट दें, ताकि वे दूसरों के साथ घुलना-मिलना शुरू कर सकें और अपनी बातचीत की कमी को दूर कर सकें। ऐसी तमाम गतिविधियां हैं, जिनके माध्यम से एक बार फिर उनकी कार्यप्रणाली को पटरी पर लाया जा सकता है। लगभग दो वर्षों की इस दूरी को पाटने के लिए हमें गंभीर होने की सख्त आवश्यकता है, अन्यथा हम एक ऐसी पीढ़ी के भविष्य के साथ खिलवाड़ को अंजाम दे देंगे, जो हमारे देश का भविष्य है।

अब जीवन पर्यन्त चलने वाले मित्रों पर भी विराम....

उम्र का हर एक पड़ाव अपने में खूबसूरती लिए होता है। बाल्यावस्था भी ठीक इसी तरह अद्भुत है। उम्र के इस दौर में बच्चों का बाहरी दुनिया के आकर्षण में घिराव होने लगता है। शिशु अवस्था के खत्म होने के साथ ही माता-पिता के आवरण से बाहर निकलकर वह बालक नया करीबी ढूंढने की राह पर चल पड़ता है। यह करीबी और कोई नहीं, बल्कि मित्र नाम का ताज होता है, जो जीवन पर्यन्त उसके शीर्ष पर सुशोभित होता है। सोचिए, क्या हो यदि नई पीढ़ी के पास मित्र नाम का रत्न ही न रहेगा, क्या होगा जब बच्चे दोस्ती की एहमियत ही भूल चुके होंगे? बाल्यावस्था धारण किए हमारे देश के बालक अब मित्रता के सुख से वंचित हो रहे हैं। जानना चाहेंगे कैसे??

देश में दबे पांव आई महामारी ने विगत 1.5 वर्षों में अपने पैर पसारकर ऐसे कई अवरोध लगा दिए हैं, जिन पर वर्तमान में किसी का ध्यान नहीं है, अपितु इनके भीषण परिणाम भविष्य में हमें अवश्य देखने को मिलेंगे। शिक्षा का प्राथमिक पड़ाव पार करने के बाद जब बच्चे माध्यमिक स्तर की ओर बढ़ते हैं, इस दौरान उनके सबसे समीप उनके हमउम्र, यानी मित्र होते हैं। कहा जाता है कि उम्र के इस पड़ाव पर अर्जित मित्र लम्बे समय तक हाथ थाम कर साथ चलने वाले होते हैं, आवश्यकता होती है, तो सही व्यक्तित्व को चुनने की। इन सब से परे शायद ही किसी का इस बात पर ध्यान होगा कि अपने लिए एक सही मित्र का चयन करने की उम्र में हमारे बच्चे घरों में कैद हैं। जो थोड़े-बहुत होंगे भी, वे भी समान स्थिति से गुजर रहे हैं।

खेल-कूद भी अब खत्म हो चुका है, दोस्तों की टोली बनाकर गलियों में जो हुड़दंग मचा करता था, अब तो उस पर भी विराम लग चुका है, गाड़ियों के शोर के बावजूद अब ये गलियां सुनसान हैं।

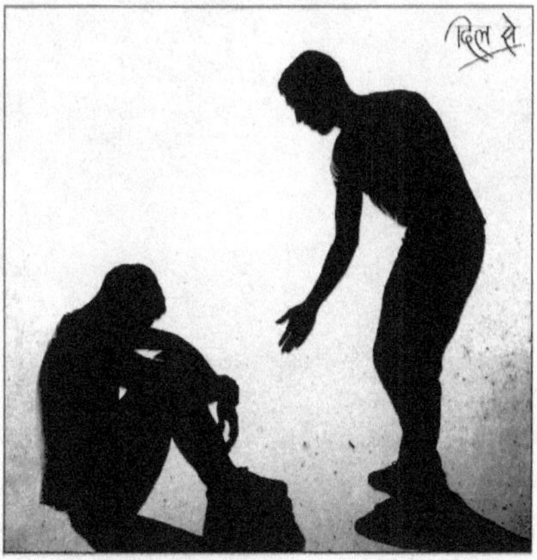

ऑनलाइन पढ़ाई और सामाजिक दूरी की आग में ये बच्चे झुलसने लगे हैं। दुनिया तो एक बार फिर स्थिति सामान्य होने के बाद पटरी पर दौड़ने लगेगी, लेकिन निश्चित रूप से ये बच्चे इस भीड़ के अकेलेपन में कहीं खो जाएंगे।

इस काल में होने वाली शारीरिक और बौद्धिक प्रगति के साथ ही बच्चों में भावनाओं के कई घनेरे बादल उमड़ते हैं, जिन्हें किसी ऐसे शख्स से साझा करने की व्यथा मन में होती है, जो उसे और उसकी बात को समझे, उस बात विशेष को जग के सामने उजागर न करे और उससे संबंधित समस्या का निवारण दे। यदि अभी-भी यह बात न समझी गई, तो नई पीढ़ी मित्र रत्न से वंचित हो जाएगी, क्योंकि बच्चे इस दूरी के बीच एक-दूसरे के काम आना और मित्र की एहमियत भूल चुके होंगे। अब समय आ गया है कि स्थिति सामान्य होने तक और उसके बाद भी हम उनके सबसे अच्छे मित्र बनकर दिखाएं, उनसे मित्रों की तरह ही अपने मन की व्यथा या विचार साझा करें, जिससे कि वे भी समान रूप से हमें हमदर्द मान सकें। स्थिति सामान्य होने के बाद उन्हें पुराने मित्रों के साथ एक बार फिर घुलने-मिलने का पर्याप्त समय दें, उन्हें बाहर जाकर समय बिताने की अनुमति दें, उन्हें अपने निर्णय स्वयं लेने योग्य बनाएं, उन्हें मित्र की एहमियत समझाएं। इस प्रकार हम कल के युवाओं को मित्रता से पिछड़ने से रोक सकते हैं, और इसी के साथ हम उनके हमउम्र न सही, मित्र तो बन ही सकते हैं।

एक तरफा प्यार का अधिकार, जो मैंने खो दिया....

जवां नज़रों पर कब ऊँगली उठाना भूल जाते हैं
पुराने लोग हैं साहब, अपना ज़माना भूल जाते हैं....

ग्यारहवीं कक्षा की आखिरी बेंच पर बैठा एक लड़का जब पहली बेंच पर बैठी लड़की के आने के इंतजार में सबसे पहले कक्षा में दाखिल हो जाता है, मानों अब वह मस्तीखोर बच्चा भी पढ़ने की ललक रखने को बैचेन है। इस बार उस अव्वल आने वाली लड़की के साथ से कक्षा में वह चौथा या पांचवा नंबर पास तो हो ही जाएगा। सुबह 8 बजे से शाम 4 बजे तक लगने वाले स्कूल में उसी पर नज़रे बिछाए, उसके लाख जतन झेलकर साल के अंत में ही सही, लेकिन आखिरकार एक अनोखी-सी प्रेम कहानी दोनों के जीवन में एक मिठास भरी दस्तक दे जाती है। यह सब होता था एक ज़माने पहले, क्योंकि अब तो स्कूल के दरवाजे पर लगे ताले की धूल भी यह सब देखने को तरस गई है।

अक्सर देखने में आता है कि दो लोगों के मिलने, बात करने या प्रेम का बंधन साझा करने पर धर्म, समाज तथा परिवार द्वारा कई अवरोध लगाए जाते हैं और तमाम आपत्तियां जताई जाती हैं, जबकि वे स्वयं अपने जीवन में एक न एक बार इस दौर से जरूर गुजर चुके होते हैं। वे भूल जाते हैं कि आकर्षण की इस दुनिया में हाजिरी लगाने से तो वे भी नहीं बच पाए हैं। फिर यह आपत्ति क्यों?? हर किसी के जीवन में वह दिन जरूर आता है, जब सपनों की दुनिया भी सच लगने लगती है, जब भावनाओं के तेज सैलाब उमड़ने लगते हैं, सारी दुनिया से परे सिर्फ एक शख्स पर विश्वास की लहर दौड़ने लगती है। किसी अनचाही डोर में इंसान बंध जाता है। एक ऐसी डोर, जिससे कभी न छूटने की चाह हर दम साथ होती है। इस चेतना की शुरुआत होती है उम्र के बेहद अनोखे पड़ाव में.... जी हाँ! किशोर अवस्था में....

यही समय होता है, जब वे बात करने और रहन-सहन के सलीके में बड़ा बदलाव महसूस करते हैं। चंचल मन में आकर्षण के बीज अंकुरित होने लगते हैं। कोई दोस्त, दोस्ती की सीमा से परे आकर दिल के दरवाज़े खटखटाने लगता है। भावनाओं की तेज लहरों में डूबते जा रहे मन के इर्द-गिर्द उसकी तस्वीर उभर कर गहराती जाती है और मन मैथ्स के "सपोज़ दैट" की तरह खुद को हीर और रांझा मानने लगता है। उम्र के इस खूबसूरत पड़ाव में प्रवेश करने के समय बच्चे अक्सर स्कूल आदि में ही किसी के प्रति आकर्षित होते हैं। होते हैं.... या होते थे....?? लगभग 1.5 वर्ष से तो बच्चे स्कूल ही नहीं गए हैं,

तो इस खूबसूरत आकर्षण की उत्पत्ति उनके मन में होगी कैसे?? हाँ, सोशल मीडिया जैसे ढेरों माध्यम हैं, लेकिन क्या इसके जरिए वास्तविकता का अनुभव किया जा सकता है?? नहीं न!! लेकिन सच तो यही है कि कोरोना ने किशोरों की भावनाओं को भी आहत किया है, जिस पर किसी का ध्यान नहीं है।

लम्बे समय से घरों में कैद बच्चे अपनी उम्र के सबसे खूबसूरत पड़ाव से वंचित रह गए हैं। हालात ये हैं कि वे किसी से अपने मन में उमड़ती भावनाओं का बखान भी नहीं कर सकते हैं, क्योंकि वे परिवार जनों के बीच ही अपने दिन को बीतता हुआ पा रहे हैं।

और जो कुछ इस आकर्षण का हिस्सा हैं, वो बड़े लोगों के दबाव के चलते अपनी भावनाओं को खुद में ही कैद कर बैठे हुए हैं। स्कूल वाले आकर्षण की बात ही कुछ और होती है, जिससे शायद ही कोई बच पाया हो।

यह एक अलग ही स्तर का अनुभव है, जिसका होना किशोर को आत्मविश्वास से भर देता है। लेकिन 1.5 वर्ष की इस दूरी को खत्म करने के लिए अब हमें हमारे किशोरों की भावनाओं को प्रखर रखना होगा। वे गलत रास्ते पर चलने को मजबूर न हो जाएं, इसकी कद्र करते हुए उनकी मनोदशा को समझें। यदि फोन आदि पर बात करते हुए आपको देखकर वे चुप हो जाएं, तो उन्हें उस समय के लिए अकेला छोड़ दें, उन पर हर तरह से विश्वास बनाए रखें, डांटने के बजाए उन्हें प्यार से समझाएं, उन्हें परिवार से इतर घूमने जाने की अनुमति दें, उन्हें सही और गलत स्पर्श में फर्क समझाएं, उनके उम्र के इस पड़ाव को तवज्जो दें, यह कतई न भूलें कि आप भी यह दौर पार करके ही यहाँ तक आए हैं।

"अधजल गगरी छलकत जाए...." कहीं सच न हो जाए यह कहावत

हम किताबों और सिद्धांतों से बहुत कुछ सीख सकते हैं, लेकिन यह बेबुनियाद है, यदि हम उस ज्ञान का उपयोग दुनिया में खुद का वजूद स्थापित करने के लिए नहीं कर सकते हैं। जीवन की तपिश में तपकर ही इंसान खरा सोना बनता है। आप ही सोचें, क्या हो जब ऐसा शिक्षक छात्रों को हिंदी विषय पढ़ा रहा हो, जिसे हिंदी में बात करना भी न आती हो? क्या आप किसी ऐसे वैज्ञानिक की कल्पना कर सकते हैं, जिसके पास प्रयोगों का व्यावहारिक अनुभव ही न हो? या फिर कोई ऐसा डॉक्टर, जिसे इलाज का कोई ज्ञान न हो? नहीं न!! लेकिन हो सकता है यदि हम कोविड की मार से पीड़ित शिक्षा के विषय में गंभीर नहीं हुए, तो भविष्य में उपरोक्त स्थिति से हमें गुजरना पड़े।

इसमें कोई शक नहीं है कि कोरोना महामारी ने दुनिया को कई अभूतपूर्व और असहनीय तरीकों से बदल कर रख दिया है। इसने निश्चित रूप से शिक्षा प्रणाली पर अत्यंत असहज प्रभाव छोड़ा है। चार दीवार वाली कक्षाएं छोटे-से मोबाइल में तब्दील हो चुकी हैं। हालाँकि, डिजिटल शिक्षा में बहुत प्रगति हुई है, लेकिन हम छात्रों पर कोविड के विभिन्न नकारात्मक प्रभावों को भी नजरअंदाज नहीं कर सकते हैं, खासकर उनके करियर के संदर्भ में। स्थिति यह है कि महामारी ने शिक्षा क्षेत्र को बुरी तरह धर दबोचा है, जिसके परिणामों की कल्पना भर ही असहनीय है।

खेल के मैदानों और कैंटीन की धमा-चौकड़ी, लाइब्रेरी वाली ग्रुप स्टडीज़, दोस्तों के साथ की जाने वाली विभिन्न सांस्कृतिक और शैक्षणिक गतिविधियां जीवन का वास्तविक अनुभव और सामाजिक कौशल प्रदान करती हैं। लेकिन तथ्य यह है कि छात्रों ने लगभग 1.5 वर्षों से कॉलेजों में कदम नहीं रखा है। जबकि कॉलेज वह जगह है जहाँ छात्र अपने करियर का सृजन करते हुए व्यावहारिक कौशल सीखते हैं। कॉलेज के छात्र या कॉलेज पास आउट बिना किसी व्यावहारिक ज्ञान और अनुभव के अपने करियर में प्रवेश कर रहे हैं।

उनके पास महज उनके सिद्धांत, नोट्स और किताबी ज्ञान हैं। यह छात्रों की पूरी शिक्षा प्रक्रिया पर एक बड़ा सवाल बन खड़ा हुआ है। आखिरकार, एक बेहतर नींव, दोस्तों, सामाजिक संपर्क और व्यावहारिक ज्ञान के बिना आप दुनिया में कैसे जीवन यापन कर सकते हैं?

पुरानी कहावत है "अधजल गगरी छलकत जाए", यानी यदि ज्ञान आधा-अधूरा है, तो वह किसी काम का नहीं है। जीवन के प्रत्येक मोड़ पर यह ज्ञान आपको सबसे पीछे लाकर खड़ा कर देगा। उपरोक्त विषय से यह खुलासा तो हो ही चुका है कि किसी किताब के पन्नों में अरसों से कैद यह कहावत एक बार फिर हमारे सामने आ खड़ी हुई है, जिसके परिणाम अत्यंत दुष्कर हैं।

समय बदल रहा है, और हम भी। इससे परे हम बस बैठकर अपने अच्छे-बुरे दिनों पर विलाप नहीं कर सकते, क्योंकि यह व्यर्थ है। आवश्यकता है आगे बढ़कर इसे सकारात्मक करने की। हमें शिक्षा के बुनियादी स्तर में बदलाव लाने होंगे और स्थिति को संभालने के तरीकों पर बेहतरी से कार्य करना होगा। छात्र हमारे समाज और देश का भविष्य हैं और जीवन के इस चरण में आगे बढ़कर आने में हमें उनकी मदद करना है।

देश के हर बच्चे को उचित शिक्षा दिलाने के लिए सरकार, माता-पिता और शिक्षक, सभी को एक साथ आना चाहिए। इसके अलावा, माता-पिता को अपने बच्चों के साथ कुछ क्वालिटी टाइम बिताना चाहिए और उनके दोस्त बनकर रहना चाहिए। माता-पिता और शिक्षकों को बच्चों के बेहतर करियर के लिए उनका मार्गदर्शन करना चाहिए। अपने विषय और चुने हुए करियर की उचित समझ रखने के लिए उनका पथ-प्रदर्शन किया जाना चाहिए। इस समय व्यावहारिक अनुभव तो संभव नहीं है, लेकिन शिक्षकों और अभिभावकों को यह सुनिश्चित करना चाहिए कि छात्रों को अवधारणाओं का गहन ज्ञान हो और स्थिति सामान्य होने के बाद उन्हें संबंधित क्षेत्र में व्यावहारिक ज्ञान से फलीभूत कराना चाहिए।

वह राह दूसरों की मंजिल क्या तय कर पाएगी, जिस पर आप खुद भटक रहे हैं?

पहले खुद का भला करें, फिर दूसरों के सलाहकार बनें

आवश्यकता, आविष्कार की जननी है। 21वीं सदी भी आवश्यकताओं का दौर है, लेकिन लोगों की बढ़ती आवश्यकताओं ने अविष्कार के बजाए सलाहकार को जन्म दे दिया है। जी हाँ, सोशल मीडिया की खिड़की खुलते साथ ही कई सलाहकारों के चेहरे एक साथ दिखाई पड़ना शुरु हो जाते हैं। हैरत की बात तो यह है कि काफी खुश-खुश और सुलझे दिखने वाले इन सलाहकारों के पास हमारी तमाम समस्याओं का हल होता है, जैसे मानो ये हर समस्या का हल अपनी मुट्ठियों में लेकर घूम रहे हों। एक चुटकी बजाते ही समाधान थमा जाते हैं, लेकिन ये समाधान कितने कारगर हैं, इसका आभास केवल उसे ही होता हैं जो इससे ताल्लुक रखते हैं।

कुछ दिनों पहले शहर में एटरनल हैप्पीनेस पर एक सेमीनार का आयोजन किया गया था। मेरे कई परिचित भी उस सेमीनार में शामिल हुए थे। चूँकि विषय अच्छा था, इसीलिए मैंने भी सेमीनार में जाने के लिए वक्त निकाल लिया। पूरा हॉल, स्पीकर को सुनने के लिए खचाखच भरा हुआ था। मैं भी अंदर जाने ही वाला था कि मेरे फोन की घंटी बजी। जरुरी फोन कॉल था, इसलिए मैं बाहर आ गया। लेकिन यह क्या? वहाँ मैंने एक व्यक्ति को देखा, वह फोन पर किसी से चिल्ला-चिल्ला कर बातें कर रहा था, चीख रहा था, गंदी-गंदी गालियां दे रहा था और रिश्ता तोड़ने की बात कर रहा था।

थोड़ी देर बाद मैं अपनी सीट पर वापिस आ गया। लेकिन वक्ता को देख मैं हक्का-बक्का रह गया, खुद को बहुत कोसा, क्योंकि दूसरों को एटरनल हैप्पीनेस का पाठ पढ़ाने वाला मोटिवेशनल स्पीकर कोई और नहीं, बल्कि वही व्यक्ति था जो कुछ देर पहले किसी को गंदी-गंदी गालियां देकर रिश्ता खत्म करने की बात कर रहा था। हालाँकि, श्रोता उसके स्पीच पर तालियां बजा रहे थे, लेकिन उसकी खोखली बातें मुझे केवल गुस्सा दिला रही थी, क्योंकि मैं उसका दोहरा चरित्र जान चुका था।

खैर, सेमीनार खत्म हो गया। बाहर निकला तो देखा, उस व्यक्ति ने इस विषय पर किताब भी लिखी है, किताब खरीदने के लिए बुक स्टॉल पर भीड़ लग गई, देखते ही देखते किताब की कई प्रतियां भी बिक गईं। इवेंट ऑर्गेनाइज़र मुझे जानता था, इसलिए उसने मुझे उस ज्ञानी स्पीकर और राइटर से मिलवाया। उस व्यक्ति ने किताब की प्रति मेरी ओर भी बढ़ाना चाही। लेकिन मैंने उसे बीच में ही टोक दिया और सारा घटनाक्रम उसके सामने रख दिया। मेरी बात सुनकर वह शर्म से पानी-पानी हो गया। चूँकि, हम सब सलाहकारों के दौर में जी रहे हैं, इसलिए अंत में मैंने भी उसे एक सलाह दे ही डाली कि वह दूसरों को अपनी सलाह देना बंद कर दे। दोस्तों, वह सलाह किसी और का जीवन क्या सवारेगी, जो उस सलाहकार का ही भला नहीं कर पा रही है।

ओशो ने भी कहा है कि जिंदगी बड़ी जटिल है। यदि आपको न मिला हो आनंद तो अपने बेटे को अपना ढांचा मत देना। अगर आपको न मिला हो आनंद तो अपनी सलाह किसी को मत देना। वह जहर है। उसी सलाह के आप परिणाम हैं।

जीवन में पथप्रदर्शक की भूमिका निभाते हैं वेद

मैं एक सेमिनार में पहुँचा। लोग, वहाँ अपने ज्ञान का बखान कर रहे थे। मैंने बड़ा साधारण-सा प्रश्न पूछा, वेद क्या है? मेरा प्रश्न सुनते ही हॉल में सन्नाटा छा गया और पलक झपकते ही सारे के सारे बुद्धिजीवी, गूगल बाबा की शरण में पहुँच गए और जो यह कह रहे थे कि उनके पास ज्ञान का भंडार है, वो भी इस वक्त चुप्पी साधे हुए थे, क्योंकि उन्हें इस बात का अहसास हो चुका था कि उनके दिमाग में भी धूल की चादर बिछ चुकी है और वेद उस धूल में कहीं खो गया है, जिसे ढूंढना ठीक उसी समान है, जैसा कि रेगिस्तान में सुई।

खैर, आपने धर्मग्रंथों का अध्ययन तो किया ही होगा। मैं आपकी जानकारी के लिए बता देता हूँ कि वेद, दुनिया के पहले धर्मग्रंथ हैं। वेद शब्द, संस्कृत भाषा के 'विद' शब्द से निर्मित है, जिसका अर्थ है ज्ञान।

कहा जाता है कि वेद, मानव सभ्यता के सबसे पुराने लिखित दस्तावेज हैं। चूँकि वेद, ईश्वर द्वारा ऋषियों को सुनाए गए ज्ञान पर आधारित हैं, इसीलिए इन्हें श्रुति भी कहते हैं। वेदों को ऋग्वेद, यजुर्वेद, सामवेद और अथर्ववेद, इन चार भागों में बांटा गया है। ऋक को धर्म, यजुः को मोक्ष, साम को काम, अथर्व को अर्थ भी कहा जाता है। इन्हीं के आधार पर धर्मशास्त्र, अर्थशास्त्र, कामशास्त्र और मोक्षशास्त्र की रचना हुई।

अब आप सोच रहे होंगे कि आखिर वेदों की जरुरत क्यों पड़ी?
मनुष्य, एक ऐसा प्राणी है, जो कि बिना सिखाए कुछ नहीं सीखता, इसलिए सृष्टि के आरंभ में मनुष्य को सीखाने की आवश्यकता थी, जिसे केवल ईश्वर ही पूरा कर सकते थे। तिनके से लेकर मनुष्य, पशु, पक्षी, सूर्य, चन्द्रमा, आत्मा-परमात्मा, इन सबका यथार्थ ज्ञान वेदों में हैं।

वेदों की 28 हजार पांडुलिपियां, भारत में पुणे के भंडारकर ओरिएंटल रिसर्च इंस्टीट्यूट में रखी हुई हैं। इनमें से ऋग्वेद की 30 पांडुलिपियां बहुत ही महत्वपूर्ण हैं, जिन्हें यूनेस्को ने विरासत सूची में शामिल किया है। यूनेस्को ने ऋग्वेद की 1800 से 1500 ई.पू. की 30 पांडुलिपियों को सांस्कृतिक धरोहरों की सूची में शामिल किया है। उल्लेखनीय है कि यूनेस्को की 158 सूची में भारत की महत्वपूर्ण पांडुलिपियों की सूची 38 है।

वेदों से हमें क्या शिक्षा मिलती है?

ऋग्वेद: ऋग्वेद की रचनाएं पदों में लिखी गई हैं। चाहे वह बड़ा राजा हो या फिर सर्वजयी नेता, समय के काल में सब समा जाते हैं। वेदों में सबसे अधिक इंद्र को ही पूजा गया है, लेकिन आज इंद्र लोगों को मुश्किल से ही याद होंगे। दरअसल, इंद्र का एक तरह से लोगों से लेन-देन का संबंध है। ऋग्वेद, यही सीख देता है कि लोग लेन-देन वाले संबंध को महत्व नहीं देते और भूल जाते हैं। ऋग्वेद, शाश्वत मूल्यों की स्थापना और उन्हें जीवन में उतारने की प्रेरणा देता है, जिसकी आज अत्यंत आवश्यकता है।

यजुर्वेद: यजुर्वेद को गद्यों तथा पद्यों में लिखा गया है। यजुर्वेद में कर्म को प्रधानता दी गई है। जीवन कर्मक्षेत्र है, कर्म ही पूजा है, इस धरती पर निरंतर कर्म करते हुए, सौ वर्ष का जीवन पाएं, ऐसी शिक्षा यजुर्वेद से मिलती है।

सामवेद: सामवेद, संगीत प्रधान है। ऋग्वेद, यजुर्वेद और सामवेद आपस में मिलकर गद्य, पद्य और संगीत का मिश्रण बन जाते हैं। तीनों वेदों को मिलाकर 'वेदत्रयी' कहा जाता है। भगवान श्रीकृष्ण ने श्रीमद्भगवत गीता में कहा था 'वेदानां सामवेदोऽस्मि' अर्थात वेदों में 'मैं सामवेद हूँ' और यह कह कर श्रीकृष्ण ने इसका महत्व बढ़ा दिया था। साम का अर्थ है, शान्ति प्रदान करने वाला गान। जब मनुष्य चित्त को एकाग्र करके ईश्वर में ध्यान लगाता है, तो उसे शान्ति की प्राप्ति होती है। यदि व्यक्ति की आत्मा शांत हो, तो वो जीवन रूपी कुरुक्षेत्र का अर्जुन बन सकता है।

अथर्ववेद: अथर्ववेद को ज्ञान का वेद कहा जाता है। अथर्ववेद, तीनों वेदों से अलग है। यह किसी एक विषयवस्तु पर केन्द्रित नहीं है, बल्कि इसमें विभिन्न विषयों की भरमार है, जिसमें ब्रम्ह ज्ञान, भैषज्य कर्म, शान्तिक कर्म, पौष्टिक कर्म, राज-कर्म, सामंजस्यक कर्म, प्रायश्चित कर्म, आयुष्य कर्म, अन्य विविध कर्म सम्मिलत हैं। इस प्रकार अथर्ववेद से हमें विभिन्न विषयों का ज्ञान मिलता है। जीवन की प्रत्येक क्षेत्र में कौन-सी परिस्थिति में कैसा कदम उठाना चाहिए, इसका ज्ञान भी हमें अथर्ववेद से प्राप्त होता है।

यानी हम कह सकते हैं कि वेदों में ईश्वर, ब्रम्हांड, ज्योतिष, गणित, रसायन, औषधि, प्रकृति, खगोल, भूगोल, धार्मिक नियम, इतिहास, रीति-रिवाज आदि से संबंधित ज्ञान का भंडार है। या यूँ कह लीजिए कि वेदों में दुनिया की हर समस्या का समाधान मौजूद है। इसलिए वेद सदा कालजयी तथा तार्किक बने रहेंगे।

समाचार पत्रों से

आवश्यकता है पुरानी कहावत, छड़ी पड़े छम-छम, विद्या आए धम-धम को पुनः जीवित करने की

एक तरफा प्यार का अधिकार, जो मैंने खो दिया : अतुल मलिकराम

जवां नज़रों पर कब ऊँगली उठाना भूल जाते हैं, पुराने लोग हैं साहब, अपना ज़माना भूल जाते हैं....

ग्यारहवीं कक्षा की आखिरी बैंच पर बैठा एक लड़का जब पहली बेंच पर बैठी लड़की के आने के इंतजार में सबसे पहले कक्षा में दाखिल हो जाता है, मानों अब वह मस्तीखोर बच्चा भी पढ़ने की ललक रखने को बैचेन है। इस बार उस अव्वल आने वाली लड़की के साथ से कक्षा में वह चौथा या पांचवा नंबर पास तो हो ही जाएगा। सुबह 8 बजे से शाम 4 बजे तक लगने वाले स्कूल में उसी पर नज़रे बिछाए, उसके लाख जतन झेलकर साल के अंत में ही सही, लेकिन आखिरकार एक अनोखी-सी प्रेम कहानी दोनों के जीवन में एक मिठास भरी दस्तक दे जाती है। यह सब होता था एक ज़माने पहले, क्योंकि अब तो स्कूल के दरवाजे पर लगे ताले की धूल भी यह सब देखने को तरस गई है।

अक्सर देखने में आता है कि दो लोगों के मिलने, बात करने या प्रेम का बंधन साझा करने पर धर्म, समाज तथा परिवार द्वारा कई अवरोध लगाए जाते हैं और तमाम आपत्तियां जताई जाती हैं, जबकि वे स्वयं अपने जीवन में एक न एक बार इस दौर से जरूर गुजर चुके होते हैं। वे भूल जाते हैं कि आकर्षण की इस दुनिया में हाजिरी लगाने से तो वे भी नहीं बच पाए हैं। फिर यह आपत्ति क्यों?? हर किसी के जीवन में वह दिन जरूर आता है, जब सपनों की दुनिया भी सच लगने लगती है, जब भावनाओं के तेज सैलाब उमड़ने लगते हैं, सारी दुनिया से परे सिर्फ एक शख्स पर विश्वास की लहर दौड़ने लगती है। किसी अनचाही डोर में इंसान बंध जाता है। एक ऐसी डोर, जिससे कभी न छूटने की चाह हर दम साथ होती है। इस चेतना की शुरुआत होती है उम्र के बेहद अनोखे पड़ाव में.... जी हाँ! किशोर अवस्था में....यही समय होता है, जब वे बात करने और रहन-सहन के सलीके में बड़ा बदलाव महसूस करते हैं। चंचल मन में आकर्षण के बीज अंकुरित होने लगते हैं। कोई दोस्त, दोस्ती की सीमा से परे आकर दिल के दरवाजे खटखटाने लगता है। भावनाओं की तेज लहरों में डूबते जा रहे मन के इर्द-गिर्द उसकी तस्वीर उभर कर गहराती जाती है और मन मैथ्स के सपोज़ थ्योरम की तरह खुद को हीर और रांझा मानने लगता है। उम्र के इस खूबसूरत पड़ाव में प्रवेश करने के समय बच्चे अक्सर स्कूल आदि में ही किसी के प्रति आकर्षित होते हैं। होते हैं.... या होते थे....?? लगभग 1.5 वर्ष से तो बच्चे स्कूल ही नहीं गए हैं, तो इस खूबसूरत आकर्षण की उत्पत्ति उनके मन में होगी कैसे?? हाँ, सोशल मीडिया जैसे ढेरों माध्यम हैं, लेकिन क्या इसके जरिए वास्तविकता का अनुभव किया जा सकता है?? नहीं न!! लेकिन सच तो यही है कि कोरोना ने किशोरों की भावनाओं को भी आहत किया है, जिस पर किसी का ध्यान नहीं है।

लम्बे समय से घरों में कैद बच्चे अपनी उम्र के सबसे खूबसूरत पड़ाव से वंचित रह गए हैं। हालात ये हैं कि वे किसी से अपने मन में उमड़ती भावनाओं का बखान भी नहीं कर सकते हैं, क्योंकि वे परिवार जनों के बीच ही अपने दिन को बीतता हुआ पा रहे हैं। और जो कुछ इस आकर्षण का हिस्सा हैं, वो बड़े लोगों के दबाव के चलते अपनी भावनाओं को खुद में ही कैद कर बैठे हुए हैं। स्कूल वाले आकर्षण की बात ही कुछ और होती है, जिससे शायद ही कोई बच पाया हो। यह एक अलग ही स्तर का अनुभव है, जिसका होना किशोर को आत्मविश्वास से भर देता है। लेकिन 1.5 वर्ष की इस दूरी को खत्म करने के लिए अब हमें हमारे किशोरों की भावनाओं को प्रखर रखना होगा। वे गलत रास्ते पर चलने को मजबूर न हो जाए, इसकी कद्र करते हुए उनकी मनोदशा को समझें। यदि फोन आदि पर बात करते हुए आपको देखकर वे चुप हो जाएं, तो उन्हें उस समय के लिए अकेला छोड़ दें, उन पर हर तरह से विश्वास बनाए रखें, डांटने के बजाए उन्हें प्यार से समझाएं, उन्हें परिवार से इतर घूमने जाने की अनुमति दें, उन्हें सही और गलत स्पर्श में फर्क समझाएं, उनके उम्र के इस पड़ाव को तवज्जो दें, यह कतई न भूलें कि आप भी यह दौर पार करके ही यहाँ तक आए हैं। (एजेंसी)

अधजल गगरी छलकत जाए.कहीं सच न हो जाए यह कहावत- अतुल मलिकराम

अब जीवन पर्यन्त चलने वाले मित्रों पर भी विराम

—अतुल मलिकराम

आवश्यकता है पुरानी कहावत, छड़ी पड़े छम-छम, विद्या आए धम-धम को पुनः जीवित करने की- अतुल मलिकराम

"अधजल गगरी छलकत जाए" कहीं सच न हो जाए यह कहावत- अतुल मलिकराम

दिल से

राजनीति

देश का तिरंगा है पाँच रंगों से सुशोभित

क्या?? तिरंगे का पाँचवां रंग..!! यह मैं क्या कह रहा हूँ?? यही सोच रहे हैं न आप?? हमारे देश का तिरंगा वीरों की अमर शौर्य गाथा का गुणगान करने के साथ ही अनगिनत ऐतिहासिक वीर गाथाओं से सुशोभित है। तिरंगे के रंगों की विशेषता के बारे में यदि हम बात करें, तो सबसे ऊपर केसरी रंग शौर्य का प्रतीक है, उसके बाद श्वेत रंग शांति का प्रतीक है और सबसे नीचे हरा रंग हरियाली का प्रतीक है। इस विजयी तिरंगे का चौथा और बेहद महत्वपूर्ण रंग है नीला रंग, जो अशोक चक्र को सुशोभित करता है। इस चक्र की 24 तीलियाँ दिन के 24 घंटों में सक्रिय होकर कार्य करना दर्शाती हैं। हम सभी देशवासी तिरंगे के इन्हीं रंगों से परिचित हैं, सही कहा न!!

लेकिन आज मैं आपको एक ऐसा अटल सत्य बताने जा रहा हूँ, जिससे लगभग सारा देश अनजान है। जी हाँ!! बॉर्डर पर खड़े होकर अपनी जान की परवाह किए बिना हमारे सैनिक जब दुश्मनों का आडम्बर चीर कर सिर धड़ से अलग कर देते हैं, इस बीच इनमें से कितने ही महापुरुष देश की शहादत में हँसते-हँसते अपने प्राण न्योंछावर कर देते हैं। भारत माता के वस्त्र अर्थात् तिरंगे पर उनके सपूतों की शहादत के समय जो रक्त के छींटे पड़ते हैं, ये अमर हैं, जो उन महापुरुषों को सदैव जीवित रखते हैं। तिरंगे के श्वेत रंग को किसी सुहागन के से लाल रंग से भरने वाली सैनिकों की शहादत को हम कैसे भूल सकते हैं?? बॉर्डर पर शहीद हुए देश के वीर जवानों के तन पर लिपटे तिरंगे में लगे खून के धब्बे तिरंगे को लाल रंग के बलिदान से सुशोभित करते हैं।

यह वास्तव में एक ऐसी विडम्बना है कि तिरंगे पर सुशोभित यह लाल रंग दिन-प्रतिदिन बढ़ता तो जा रहा है, लेकिन न ही दिखाई दे रहा है और न ही प्रतीत हो रहा है। या यूँ कह लें कि हम देखना ही नहीं चाह रहे हैं।

इतना ही नहीं, हम तिरंगे के नीले रंग में छुपी उन कर्मचारियों की भावनाओं को भी नहीं देख पा रहे हैं, जो सैनिकों की सेवा में बिना किसी श्रेय अपना सर्वस्व कुर्बान कर देते हैं। इन वीर बहादुरों की भावनाओं तथा जज़्बातों का ही सबब है तिरंगे का लाल और नीला रंग। ये वही बहादुर हैं, जो वीर सैनिकों की आखिरी साँस के साथ ही उस अंतिम आवाज अर्थात् 'भारत माता की जय' के साक्षी हैं। आखिर कब नज़र आएगा तिरंगे का यह पाँचवां रंग?

हमें समझना होगा हमारे देश के इन महापुरुषों के बलिदान को और देश के नाम पर मर-मिटने की अविस्मरणीय शक्ति को। अपने प्राणों तक को न्योंछावर करने वाले और तिरंगे को पाँचवां रंग भेंट स्वरुप देने वाले वीर पुरुषों को मेरा नमन।

जय हिन्द, जय भारत।

आखिर कब थमेगा इमारतों पर चलते बुलडोजर का सिलसिला?

देश-दुनिया पीछे मुड़े बिना निरंतर तरक्की करने को कदम बढ़ा चली है। बड़ी संख्या में कई विकासशील देश अब विकसित देश की उपाधि प्राप्त करने की प्रतिस्पर्धा का अहम् हिस्सा हैं। लेकिन कहते हैं न कि बड़ी-बड़ी कामियाबियों के बाद भी कोई न कोई कसर रह ही जाती है। ऐसी ही एक बहुत बड़ी कमी लिए खड़ा है भारत। जी हाँ, रुपयों और मेहनत के मूल्य को नकारते हुए देश में कई ऐसे कार्यों को अंजाम दिया जाता है, जिन पर यदि विराम लग जाए, तो वास्तव में भारत अतुलनीय बन जाएगा।

अतुल मलिकराम कहते हैं कि हमारे देश में कई वर्षों से टूट-फूट का शिकार होती सड़कों को करोड़ों रुपयों की लागत से बनाया जाता है। कुछ दिन भी गाड़ियाँ इन पर राहत से दौड़ नहीं पाती हैं, और बनी बनाई सड़कों पर फिर तोड़-फोड़ शुरू कर दी जाती है। इसका कारण यह है कि किसी विशेष प्रकार की लेन या ड्रैनेज लाइन उस सड़क में डालना रह जाती है। यदि बेहतर रूप से पहले ही प्लानिंग कर ली जाए, तो पुनःनिर्माण की मानसिकता से पीड़ित तत्वों को तोड़-फोड़ करने की आवश्यकता ही न हो। एक अन्य बेहद महत्वपूर्ण उदाहरण यह भी है कि वर्षों की कमाई और कड़ी मेहनत से बनाया गया ऊँचा-पूरा भवन या मकान पल भर में धूल में मिला दिया जाता है, सिर्फ इस वजह से कि किसी कारणवश उसे अवैध करार कर दिया गया है। आए दिन भारत में आम खबर के रूप में सुनने के साथ ही हम हर गली और नुक्कड़ पर न जाने कितने ही भवनों पर बुलडोजर चलता देख लेते हैं। खबर छपती है कि फलाने शहर का फलाना भवन अवैध था, इसलिए तोड़ दिया गया।

अन्य देशों में रातों-रात बड़े-बड़े भवनों आदि का निर्माण किया जाता है, लेकिन हमारे भारत में निर्माण से ज्यादा तोड़-फोड़ देखने को मिलती है।

यदि इन्हें उजड़ने से बचाने के विषय पर गंभीरता से विचार किया जाए, तो सरकारी तथा सामाजिक कार्यों हेतु इन भवनों को काम में लिया जा सकता है। लाखों रुपए साल किराया देने वाले सरकारी भवनों को इन अवैध भवनों में स्थापित किया जा सकता है, जिससे तोड़-फोड़ तो बचेगी ही, साथ ही साथ बड़ी संख्या में किराया भी बच जाएगा।

किराए में व्यर्थ होने वाले इस धन का उपयोग निश्चित तौर पर देश के विकास में कारगर साबित होगा। इसका एक अत्यंत विशेष सदुपयोग इस प्रकार भी हो सकता है कि इन भवनों में बेबस तथा लाचार व्यक्तियों और उनके परिवारों को स्थान दिया जाए। इन अवैध भवनों के माध्यम से किसी मजबूर को रहने के लिए छत मिल जाएगी। अवैध भवनों को धूल में मिलाने के बजाए उनके सदुपयोग को लेकर देश में विशेष कानून बनाए जाने चाहिए। सरकार को चाहिए कि इस विषय पर गंभीरता से विचार करे और इमारतों पर चलते बुलडोजर पर पूर्णविराम लगाए।

गरीबों को अन्य लोगों पर नहीं, बल्कि स्वयं के प्रति निर्भर बनाएं; ऐसे मिटेगी देश से गरीबी

जैसा कि हम सभी जानते हैं, अंतर्राष्ट्रीय समुदाय ने संयुक्त राष्ट्र के माध्यम से सतत् विकास के 17 लक्ष्यों की ऐतिहासिक योजना शुरू की है। इसका उद्देश्य वर्ष 2030 तक अधिक संपन्न, समर्थ, सक्षम, समतावादी और संरक्षित विश्व की रचना करना है, जिस ओर हमारा भारत भी कदम बढ़ा चुका है। 2030 के भारत के सतत विकास के इन लक्ष्यों के अंतर्गत ऐसे विषय शामिल किए गए हैं, जिनसे हम लम्बे समय से जूझ रहे हैं, जैसे गरीबी, भुखमरी, शिक्षा, स्वच्छता, स्वास्थ्य, जलवायु, अन्य प्राणियों, जल और पेड़-पौधों की सुरक्षा, आर्थिक वृद्धि, औद्योगिक विकास तथा अन्य। यदि हम बात करें पहले लक्ष्य यानि शून्य गरीबी की, तो अतीत के साथ ही आज भी हमारे देश में लाखों लोग ऐसे हैं, जिनके पास तन पर पहनने के लिए कपड़ा और खाने के लिए रोटी नहीं है। यदि वास्तव में इस लक्ष्य की प्राप्ति करना हमारा उद्देश्य है, तो गरीबों की मदद करने के बजाए उन्हें सक्षम बनाएं, जिससे कि आने वाले समय में वे अपने से ऊँचे ओहदे वाले लोगों के सामने झुककर नहीं, बल्कि गर्व से सीना तानकर खड़े हों। सही मायने में यही उनके लिए सबसे बड़ी मदद होगी।

अतुल मलिकराम कहते हैं कि 2030 के भारत के लक्ष्य के तहत गरीबी को जड़ से खत्म करने के लिए सिर्फ सरकार ही नहीं, बल्कि हर एक देशवासी को अपना योगदान देना होगा और हर एक नागरिक को इसके प्रति आज से ही जिम्मेदार होना होगा।

हमें यह समझना होगा कि गरीब पहले ही अपनी आर्थिक कमजोरी के बोझ तले दबे हैं, उन्हें सब्सिडी देकर और अधिक लाचार बनने को मजबूर न करें, बल्कि उनके लिए बेहतर चिकित्सा और शिक्षा के ठोस नियम बनाए जाएं। किसानों की फसलों हेतु भरपूर पानी की प्राप्ति के लिए नहरों आदि का निर्माण कराया जाए। साथ ही बिजली आदि जैसी समस्याओं का निवारण किया जाए।

इस प्रकार की सभी मूलभूत आवश्यकताएं पूरी करके उन्हें अपने पैरों पर खड़ा होने लायक बनाया जाए और उनका मनोबल बढ़ाया जाए। अब समय आ गया है कि देश से गरीबी को पूर्ण रूप से खत्म करने के लिए उपरोक्त विषयों के तहत सख्त नियम तथा कानून बनाए जाएं, और इन पर गंभीरता से अमल करने के साथ ही कड़ी कार्रवाई की जाए।

देश का हर एक नागरिक इतना शिक्षित हो कि अपना और अपने परिवार का पेट भरने में सक्षम हो सके। इस प्रकार कोई भी व्यक्ति जरुरत की किसी भी वस्तु के लिए किसी अन्य पर निर्भर नहीं होगा, और साथ ही अपने परिवार का भरण-पोषण भी खुशहाली से कर सकेगा। इसके साथ ही किसानों को अपनी मेहनत का पूरा पैसा दिया जाना चाहिए, ताकि वे निर्भर बनने के बजाए समृद्ध बन सकें। एक कानून यह भी हो कि देश में बनाई जा रही इस प्रकार की हर एक योजना का लाभ सबसे पहले गरीबों को मिलना चाहिए, जिससे उनका आत्मबल दोगुना हो सके। इन योजनाओं का बीच में हाथ रोकने या स्वयं लाभ लेने वाले शैतानी तत्वों को कड़ी से कड़ी सजा सुनाई जानी चाहिए। तब जाकर भारत वर्ष 2030 तक बन सकेगा गरीबी मुक्त देश।

वर्ष 2030 के भारत में शून्य भुखमरी लाने के लिए लेना होंगे ये प्रण, करना होंगे ये कार्य

सतत विकास की महत्ता को ध्यान में रखते हुए भारत 17 लक्ष्यों को प्राप्त करने के क्षेत्र में कार्यरत है। इन लक्ष्यों के लिए ऐसे विषयों का चयन किया गया है, जिनसे हमारा देश लम्बे समय से जूझ रहा है। सतत विकास के अंतर्गत यह निर्धारित किया गया है कि वर्ष 2030 तक इन सभी लक्ष्यों से संबंधित कमियों पर देश द्वारा काबू पा लिया जाएगा। इन समस्त लक्ष्यों के अंतर्गत सबसे गंभीर लक्ष्य है शून्य भुखमरी, जिससे हमारा देश और दुनिया अरसे से पीड़ित है। हालात कुछ यूँ हैं कि दुनियाभर में हर वर्ष तैयार होने वाले भोजन का एक तिहाई हिस्सा बर्बाद हो जाता है। बर्बाद भोजन की मात्रा इतनी होती है कि उससे 2 अरब लोगों के भोजन की जरूरत पूरी हो सकती है। इस लक्ष्य की प्राप्ति और भुखमरी को गंभीरता से लेकर देश में सख्त नियम तथा कानून बनाए जाने चाहिए, जिससे कि इससे वर्ष 2030 तक उबरा जा सके।

अतुल मलिकराम के अनुसार, बचा हुआ भोजन बर्बाद होने की स्थिति में हमें अपने आप में यह बदलाव लाना होगा कि उतना ही भोजन पकाएं जितनी कि हमें आवश्यकता हो। भारत में बढ़ती सम्पन्नता के साथ ही लोग भोजन के प्रति असंवेदनशील हो रहे हैं। खर्च करने की क्षमता के साथ ही भोजन फेंकने की प्रवृत्ति तेजी से बढ़ रही है। इससे बचाव हेतु भोजन फेंकने पर पूर्णतः रोक लगाई जानी चाहिए और सख्त दंड लागू किए जाने चाहिए। विवाह समारोह, पार्टियों, धार्मिक आयोजनों में भी 15 से 20 फीसदी तक भोजन फेंक दिया जाता है।

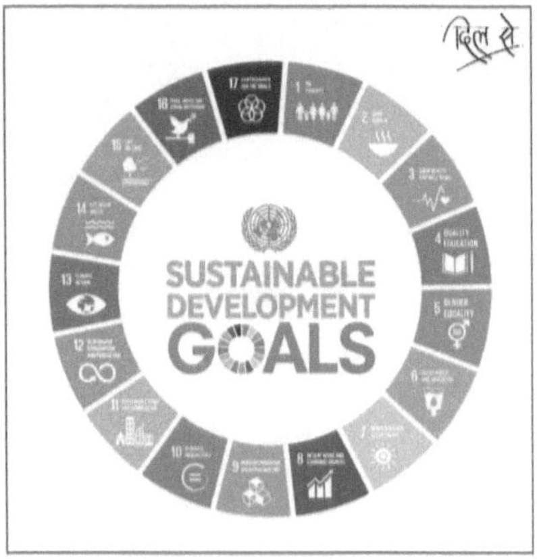

अब समय आ गया है कि इस प्रकार की फिजुलखर्ची और दिखावे की प्रवृत्ति के चलते ढेरों प्रकार के पकवानों पर अंकुश लगाकर पकवानों को सीमित करने का नियम लागू हो। होटल आदि में भी यह नियम लागू हो कि ऑर्डर देने के बाद बचे हुए भोजन को पैक कराकर लोग स्वयं अपने साथ ले जाएं, जिससे कि भोजन की बर्बादी को रोका जा सके। देश में 'नेकी की दीवार' की अवधारणा को बेहद सफलता मिली है, इसी को मद्देनजर रखते हुए जुग्गी-झोपड़ियों के पास 'रोटी बैंक' खोले जाएं। फूड मार्केट्स अपने यहाँ बचे हुए भोजन को जानवरों या खाद के लिए दान दें, इसके लिए भी कानून बनाया जाए।

एक तरफ करोड़ों लोग दाने-दाने को मोहताज और कुपोषण के शिकार हैं, वहीं प्रतिवर्ष लाखों टन भोजन की बर्बादी भारत देश के लिए एक विडंबना है। भारतीय संस्कृति में जूठन छोड़ना पाप माना गया है। हमारे देश में अन्न को देवता का दर्जा प्राप्त है लेकिन तथाकथित धनाढ्य मानसिकता के लोग अपनी परंपरा तथा संस्कृति को भूलकर दिखावे की प्रवृत्ति अपनाकर प्रतिदिन अन्न का अपमान करने को मजबूर हो चले हैं। लेकिन अब समय आ गया है कि हमें भोजन के महत्व को गंभीरता से लेना होगा और नई पीढ़ी को भी इसके प्रति जागरूक करना होगा। इसलिए, आज से ही तथाकथित नियमों का देश के हर नागरिक द्वारा सख्ती से पालन किया जाए, तब जाकर आने वाले समय में कुपोषण को देश से जड़ से खत्म किया जा सकेगा। साथ ही, हमारा भारत कहलाएगा भुखमरी मुक्त देश।

भीगता अनाज, रोता किसान

हम खेल के प्रति फिक्रमंद हैं, तो फिर खाद्यान्न के प्रति क्यों नहीं?

खुशहाल भारत का आधार ही किसानों की मजबूती है। यह लाइन आपने भी कभी न कभी नेताजी के भाषण में जरूर सुनी होगी। हमारे देश के तमाम नेता अपने भाषणों में किसानों को सशक्त बनाने की बात करते हुए नजर आते हैं। लेकिन वो नेता, जो किसानों के प्रति गहरी संवेदना व्यक्त करते हैं, क्या वाकई उन्हें किसानों से हमदर्दी है?

किसानों की दुर्दशा, सरकार की संवेदनाओं पर सवाल उठाती है। ये संवेदनाएं महज छलावा प्रतीत होती हैं क्योंकि अगर इनमें तनिक भी सच्चाई होती, तो फिर हजारों अन्नदाता यूँ काल के गाल में न समाते। सच्चाई तो यह है कि कृषि प्रधान देश के किसान का हाल, बदहाल है क्योंकि किसानों से बड़े-बड़े वायदे करने वाली सरकार, उनकी मूलभूत जरूरतें भी पूरी नहीं कर पा रही है।

मौसम की मार के चलते हर साल किसानों का अनाज भीगता है, सड़ता है, गलता है और किसान मरता है, क्यों? क्योंकि हमारे पास उचित भंडारण व्यवस्था का अभाव है। किसानों से बड़े-बड़े वायदे करने वाली सरकार अगर भंडारण व्यवस्था का उचित प्रबंध कर पाती, तो किसान खुद को यूँ ठगा हुआ महसूस न करता। जब किसान की फसलें बर्बाद होती हैं तो उसे न के बराबर मुआवजा मिलता है, साथ ही, हल भी सरकारी कागजों में दबा रह जाता है।

किसान, मंडियों में टैक्स भरता है, आड़तियों को आड़त का मूल्य अदा करता है, उसके फसल मूल्य से भी कटौती की जाती है, इसके बावजूद भी उसकी फसल, कृषि मंडी में बह जाती है।

समझ नहीं आता कि बड़े-बड़े स्मारक बनाने वाली सरकार, शेड बनाने में इतनी आना-कानी क्यों करती है? आखिर कृषि क्षेत्र में साधनों और सुविधाओं का अभाव क्यों है? आखिर क्यों हर साल किसान की मेहनत इस अभाव का शिकार होती है?

खेल के मैदान को ही देख लीजिए, कहीं बारिश से खेल फीका न पड़ जाए, इसलिए करोड़ों रुपयों के इंतजाम किए जाते हैं, तो फिर यह मानसिकता पेट भरने वाले अनाज के लिए क्यों नहीं है? हम खेल के लिए फिक्रमंद हैं,

तो फिर खाद्यान्न के लिए क्यों नहीं? आखिर कब तक यूँ फसलें बर्बाद होती रहेंगी और कर्ज के बोझ तले दबकर अन्नदाता मरते रहेंगे? जरूरत है सरकार और राज्यों के कृषि मंडी प्रशासन को किसानों के प्रति सजग और उनके उपज के प्रति गंभीर होने की, मंडी प्रागंण में शेड्स व्यवस्था कराने की, मंडी प्रागंण में पानी का भराव न हों, इसके लिए ऊँचे प्लेटफॉर्म्स बनवाने की, इसके अलावा अन्य दूसरे जरुरी इंतज़ाम करवाने की, ताकि फिर कोई बारिश किसान की आँखों में आँसू न लाए।

जिस मुल्क का शरीर और समाज दोनों बीमार हो चुके हों, आखिर वह देश कैसे तरक्की करेगा?

कोई गम के साए में डूबा हुआ था और कोई यह देखकर खुश हो रहा था कि उसकी आँखों के आगे से जनाज़ा निकल रहा है। मैं हैरान हूँ इस मुल्क की सोच से, क्योंकि जिस मुल्क में किसी के घर में छाया मातम, किसी और के लिए शगुन बन जाए, वह मुल्क आने वाले 70 सालों में तो क्या, 700 सालों में भी तरक्की नहीं कर सकता है।

इस मुल्क में कहीं करोड़ों रुपए सड़ रहे हैं, तो कहीं करोड़ों भूख से मर रहे हैं। इस मुल्क में बेटी बचाओ-बेटी पढ़ाओ आंदोलन तो चलाया जाता है, लेकिन फिर भी दिन-रात बलात्कार का कोहराम है। जिस मुल्क का शरीर और समाज दोनों बीमार हो चुके हों, वह आखिर कैसे तरक्की करेगा?

मैंने देखा है इस मुल्क में आस्था पर अंधविश्वास को हावी होते हुए। मैं हैरान हो जाता हूँ, जब खुद को सभ्य समाज का पढ़ा-लिखा वर्ग बतलाने वालों की आँखों पर अंधविश्वास की चादर चढ़ी हुई पाता हूँ। जब तक इस मुल्क में अंधविश्वास के नाम पर खून का खेल यूँ ही चलता रहेगा, जब तक आस्था की अस्मत से अंधविश्वास का दाग नहीं हटेगा, यह मुल्क तरक्की नहीं कर सकेगा।

मैंने देखा है इस देश के बच्चों को, जो आज अपना भविष्य खरीदने के लिए मजबूर हैं। जो डोनेशन के नाम पर काला धन बांट पाता है, वही यहाँ बेहतर शिक्षा पाने का हकदार बन पाता है। जो मुल्क, खुद के भविष्य पर ताले लगाता हो, आखिर वह मुल्क कभी कैसे तरक्की कर सकेगा?

मैंने देखा है यहाँ मजहब के नाम पर खून की नदियाँ बहते हुए, भाई को भाई की जान लेते हुए। मैंने देखा है लोगों को भगवे और हरे के लिए लड़ते हुए। जब तक यह मुल्क भगवा और हरा छोड़ तिरंगा नहीं उठाएगा, यह मुल्क तरक्की नहीं कर पाएगा।

जिस दिन यह मुल्क केवल एक नेता नहीं, बल्कि अंतिम पायदान पर खड़े व्यक्ति की तरक्की का अहसास कर लेगा, जिस दिन इस मुल्क में सभी को शिक्षा का समान अधिकार मिल जाएगा, जब इस मुल्क के लोगों को दूसरों के दुःख में दुःख का अहसास हो जाएगा, जब इस मुल्क का प्रत्येक वासी अपनी-अपनी जिम्मेदारी की चादर ओढ़ने के लिए तैयार हो जाएगा, और सच्चे नागरिक का कर्तव्य निभाएगा, उस दिन सही मायनों में यह मुल्क तरक्की की राह पर चल पड़ेगा।

मिग-27 हुआ रिटायर, आप कब रिटायर होंगे नेताजी?

युवा भारत को कैसे मजबूती देंगे ये बुजुर्ग कंधे?

कारगिल युद्ध में दुश्मनों को चुन-चुनकर मारने वाला योद्धा मिग-27 तीन दशकों तक देश की सेवा करने के बाद अब रिटायर हो चुका है। कारगिल युद्ध के इस हीरो के रिटायरमेंट से अगर किसी को सबक लेने की जरुरत है, तो वह है हमारे देश के बुजुर्ग नेता।

'भारतीय राजनीति में रिटायरमेंट की उम्र नहीं होती है।' भारतीय नेता यह बात गांठ बाँध चुके हैं, और शायद यही वजह है कि राजनीति की पिच पर हाफ सेंचुरी लगा चुके नेता भी कुर्सी का मोह नहीं त्याग पा रहे हैं। लेकिन सवाल उठता है कि जब कारगिल के हीरो के रिटायरमेंट की उम्र हो सकती है, तो फिर नेताजी की क्यों नहीं।

साफ शब्दों में कहूँ, तो निजी और सरकारी संस्थानों में कार्य कर रहे लोग 60 वर्ष की आयु में सेवानिवृत्त हो जाते हैं। एक्सटेंशन के नाम पर ज्यादा से ज्यादा उनका पद 2 सालों के लिए बढ़ाया जाता है, क्योंकि हर संस्थान यह समझता है कि एक उम्र तक ही कोई व्यक्ति कार्य में अपना शत-प्रतिशत दे सकता है। उम्र हो जाने के बाद शरीर और दिमाग दोनों को ही आराम की जरुरत पड़ती है, और इस बात को सभी संस्थान भली-भांति से समझते हैं, तो फिर वो पार्टियां, जिनमें इन बुजुर्ग नेताओं की भरमार है, वो यह बात क्यों नहीं समझ पा रही हैं।

शायद भारतीय राजनीति में टिके रहने के लिए अनुभव जरूरी है, लेकिन एक उम्र के बाद चुनाव के मैदान में उतरने का मतलब देश के साथ नाइंसाफी करना है क्योंकि इस उम्र में न शरीर चलता है और न ही दिमाग साथ दे पाता है। ऐसे में वो नेता, जो इस उम्र में कुर्सी का मोह नहीं त्याग पाते हैं, वो निश्चित रूप से देश के साथ नाइंसाफी कर रहे हैं। ऐसे में नेताओं के लिए भी रिटायरमेंट की उम्रसीमा होना जरूरी है।

जब भी हम भारतीय राजनीति का चेहरा देखते हैं तो इसमें बदलाव के बयार की जरूरत महसूस होती है। अगर भारत सर्वाधिक युवा देश है, तो इसकी झलक राजनीति में क्यों नहीं दिखाई पड़ती। युवा भारत को ऐसे युवा नेताओं की जरुरत है, जो कि अपनी चाणक्य नीतियों, कर्मठता और समर्पण से देश को नई ऊँचाइयों तक पहुँचा सके, इसलिए युवाओं से उम्मीद है कि वो राजनीति में कदम रखें, और बुजुर्ग नेताओं से अपेक्षा है कि वो रिटायर होना सीखें।

राजनीति में होता 'भाषाई हिंसा' का विस्तार

ऐसी बानी बोलिए, मन का आपा खोय।
औरन को शीतल करे, आपहु शीतल होय।।

महाकवि संत कबीर दास का यह दोहा क्या आपको याद है? हो सकता है, आपको याद हो, लेकिन हमारे देश के नेता इसे पूरी तरह भूला चुके हैं, तभी बात-बात पर उनकी जुबान फिसल जाती है। नेता एक-दूसरे पर कीचड़ उछालने का एक भी मौका अपने हाथ से नहीं जाने देते हैं। यही वजह है कि कुत्ता, नीच, चोर, पप्पू, फेंकू, गधा जैसे शब्द उनकी बोली में शुमार हो चुके हैं।

जी हाँ, राजनीतिक गलियारे में ऐसी भाषा का प्रयोग आम हो चला है। दूसरे शब्दो में कहूँ, तो नेताओं की भाषा अमर्यादित और स्तरहीन हो चुकी है, और राजनेताओं का यही मानसिक दिवालियापन दिन-ब-दिन राजनीति के स्तर को गिराता चला जा रहा है।

नेता भूल चुके हैं कि भाषा, लोकतंत्र का अहम अंग है। गांधी के शब्दरूपी विचार आज भी जनमानस पटल पर अंकित हैं। वहीं इसके विपरीत आजकल के नेताओं की भाषा परेशान करती है, इस भाषा को सुनकर हमारा सिर शर्म से झुक जाता है क्योंकि आरोप-प्रत्यारोप की भाषा, सहनशीलता और संवेदनशीलता की हदें पार कर चुकी हैं। नेताओं के स्तरहीन बोल समाज और संस्कृति पर चोट पहुँचा रहे हैं।

नेताओं को समझना होगा कि जो वो कहते हैं, उनके समर्थक भी उसी बात का अनुसरण करते हैं, ऐसे में उन्हें अपनी वाणी पर संयम रखना जरूरी है। पूर्व प्रधानमंत्री अटल बिहारी वाजपेयी तीखे से तीखे बयान विन्रमतापूर्वक कह डालने की खूबी रखते थे, ताकि लोकतंत्र की खुबसूरती हमेशा बरकरार रह सके।

आज जनता को भी जागरूक होने की जरूरत है, क्योंकि वह जनता ही है, जो एक नेता को कुर्सी पर बैठाती और उसे उतारती है।

ऐसे में अब जनता को मापदंड निर्धारित करने पड़ेंगे, उसे विचार करना होगा कि क्या वो किसी ऐसे नेता को लोकतंत्र के मंदिर में बैठाना चाहेगी, जिसकी भाषा हिंसक और अभद्र है, या फिर ऐसी वाणी बोलने वाले के लिए लोकतंत्र के मंदिर का द्वार बंद कर देगी। मैं पूरे विश्वास के साथ कह सकता हूँ कि जिस दिन जनता जागरूक हो जाएगी, उस दिन इन नेताओं की वाणी भी संयमित हो जाएगी।

आज जनता को भी जागरूक होने की जरूरत है, क्योंकि वह जनता ही है, जो एक नेता को कुर्सी पर बैठाती और उसे उतारती है। ऐसे में अब जनता को मापदंड निर्धारित करने पड़ेंगे, उसे विचार करना होगा कि क्या वो किसी ऐसे नेता को लोकतंत्र के मंदिर में बैठाना चाहेगी, जिसकी भाषा हिंसक और अभद्र है, या फिर ऐसी वाणी बोलने वाले के लिए लोकतंत्र के मंदिर का द्वार बंद कर देगी। मैं पूरे विश्वास के साथ कह सकता हूँ कि जिस दिन जनता जागरूक हो जाएगी, उस दिन इन नेताओं की वाणी भी संयमित हो जाएगी।

राजनीति के पाटों के बीच पिसती बेचारी जनता ही है

एक दोस्त ने पूछा कि आखिर मैं कब राजनीति में कदम रखूँगा? मुझे विश्वास है कि मेरे जवाब को सुनकर उसे संतुष्टि जरूर मिली होगी और उसे समझ आ गया होगा, 'यह राजनीति क्यों मेरे काम की नहीं।'

जब उसने कहा, "तुम भी लड़ो और जीतो"
तो मैंने भी कह डाला कि

कोई लड़कर जीतता है और कोई प्यार से जीतता है। मैं प्यार से जीतने में विश्वास रखता हूँ, क्योंकि लड़कर जीतना सिर्फ राजनीतिज्ञों को आता है, इंसानों को नहीं और साहब मैं राजनीतिज्ञ बनना नहीं चाहता। हाँ साहब, मैं राजनीतिज्ञ बनना ही नहीं चाहता, क्योंकि सत्ता के लोभ में राजनीतिज्ञ अपने ईमान से भी समझौता कर लेते हैं, लेकिन मुझे समझौता करना नहीं आता और इसीलिए इस कुर्सी पर बैठने से मुझे गुरेज है।

मैंने देखा है, सत्ता की लालच में लोगों को मुखौटा पहने हुए। देखा है कि कैसे इस तख्त पर चढ़ते ही शख्सियत मिट जाती है, और यही वजह है इस कुर्सी को मेरे इनकार की, क्योंकि अब तक कोई ऐसी कुर्सी बनी नहीं जो मेरी शख्सियत को मिटा सके।

चूँकि परम मित्र था, तो इतनी जल्दी भला वह भी कैसे मान जाता इसलिए उसने भी कह डाला, "राजनीति में नए चेहरों की तलाश है।"

तो मैंने भी उससे कहा कि हाँ दोस्त, यह सच है कि राजनीति में हमेशा नए चेहरों की तलाश होती है। लेकिन राजनीति में केवल चेहरे ही बदलते हैं, कैरेक्टर हमेशा समान ही बने रहते हैं। यदि कोई नया कैरेक्टर आता है, तो वह गद्दी पर बैठने से पहले ही उखाड़ बाहर फेंक दिया जाता है, और इसीलिए मैं ऐसी राजनीति से दूरी बनाए रखने में विश्वास करता हूँ।

क्योंकि ऐ दोस्त, यह राजनीति, चक्की के दो पाटों के समान है। पक्ष-विपक्ष की लड़ाई में पिसती हमेशा बेचारी जनता ही है। जी हाँ साहब, जनता के वोटों ने सत्ता की कुर्सी पर चाहे जिसे भी बैठाया हो, बलि का बकरा हर हाल में केवल उसे ही बनना है।

इसलिए मैं कहता हूँ कि चाहे इस देश में राजा कौरव हो या पांडव, द्रौपदी हमेशा जनता ही रहेगी। कौरवों के राज में चीरहरण के काम आएगी और राज हुआ पांडवों का, तो जुए में हारती चली जाएगी। चाहे राज रावण करे या फिर राम, सीता बेचारी जनता ही बनी रहेगी। जो हुआ रावण का राज, तो वनवास से चोरी कर ली जाएगी और जब आएगा राम राज तो अग्निपरीक्षा के बाद दोबारा वनवास भेज दी जाएगी। हाँ दोस्त, यही सच है कि जब राज करता है मुस्लिम राजा, तो प्रजा के मुद्दे दफना दिए जाते हैं और जब आती है हिन्दू राजा की बारी, तो मुद्दे अग्नि में स्वाहा कर दिए जाते हैं।

तो यही कह रहा था मैं कि सत्ता पर बैठते साथ लोगों का ज़मीर मर जाता है। लेकिन अब तक कोई भी ऐसी कुर्सी नहीं बनी, जो मेरे ज़मीर को मिटा दे, और इसीलिए मैं इस कुर्सी पर बैठने के बजाए हमेशा ही इसे किनारे खिसका देता हूँ और फिर मुस्कुराकर कह देता हूँ कि यह राजनीति मेरे काम की नहीं।

अर्थव्यवस्था के चक्रव्यूह में फंसी सरकार, लेकिन मर रहा भारतीय

डर के साथ बेबसी का माहौल: हाल-ए-हिन्दुस्तान
तुम चिल्लाते रहो और हम खामोश बने रहेंगे

क्या यही संकेत दे रही है अर्थव्यवस्था के मामले में सरकार की चुप्पी! इन 7 दशकों में शायद ही जनता ने अर्थव्यवस्था को लेकर कभी इतनी चिंता नहीं जताई होगी, जितनी आज वह डरी हुई है, बेबस है, उसमें अविश्वास व्याप्त है। सरकार की खामोशी उसके डर को और भी बढ़ा रही है। अर्थव्यवस्था कब पटरी पर वापिस आएगी, यह एक बड़ा सवाल बना हुआ है।

लेकिन सरकार ने भी अपनी नीतियों से ऐसा चक्रव्यूह रच दिया है, जिसमें अब वह खुद फंस चुकी है और निकलने का रास्ता नहीं भेद पा रही है। महाभारत के चक्रव्यूह में तो केवल अभिमन्यु मरा था। लेकिन अर्थव्यवस्था का चक्रव्यूह हर रोज भारतीयों को मौत के घाट उतार रहा है और यह चक्रव्यूह तब तक भारतीयों की जान लेता रहेगा, जब तक सरकार इस चक्रव्यूह से खुद को बाहर नहीं निकाल पाती। वहीं भारतीयों को आज पूर्व प्रधानमंत्री मनमोहन सिंह में महाभारत का अर्जुन नजर आ रहा है। देश में केवल वे ही हैं, जो इस चक्रव्यूह को भेदना जानते हैं।

जिस तरह रामायण में महाज्ञानी रावण से ज्ञान पाने के लिए लक्ष्मण को उनके चरणों में झुकना पड़ा था, उसी भांति भाजपा सरकार को भी महाज्ञानी मनमोहन सिंह के चरणों में झुकना पड़ेगा ताकि अर्थव्यवस्था को गति मिल सके। वरना आरोप और प्रत्यारोप का दौर सब कुछ समाप्त कर देगा। लोग मरते रहेंगे, लेकिन अब सरकार को भी इन मौतों की जिम्मेदारी ले लेना चाहिए, क्योंकि उसकी गलत नीतियों ने ही आज देश की यह हालत बनाई है।

पूर्व प्रधानमंत्री मनमोहन सिंह ने कहा था कि अर्थव्यवस्था की गाड़ी में पहिए की तरह काम करते लोग जैसे सरकारी संस्थान, अधिकारी, उधोगपति, स्टार्टअप आदि डरे हुए हैं, जिसके चलते विकास का पहिया रूका है। देश के लोग इन पर तभी भरोसा जता पाएँगे, जब सरकार इनका भरोसा जीत पाएगी और जब इनका डर समाप्त हो जाएगा, तभी अर्थव्यवस्था पटरी पर आ सकेगी और विकास की गाड़ी रफ्तार पकड़ सकेगी।

पूर्व प्रधानमंत्री मनमोहन सिंह ने कहा था कि अर्थव्यवस्था की गाड़ी में पहिए की तरह काम करते लोग जैसे सरकारी संस्थान, अधिकारी, उधोगपति, स्टार्टअप आदि डरे हुए हैं, जिसके चलते विकास का पहिया रूका है। देश के लोग इन पर तभी भरोसा जता पाएँगे, जब सरकार इनका भरोसा जीत पाएगी और जब इनका डर समाप्त हो जाएगा, तभी अर्थव्यवस्था पटरी पर आ सकेगी और विकास की गाड़ी रफ्तार पकड़ सकेगी।

विलुप्त होते बेज़ुबानों की सुध कौन ले रहा है?

अब तो चुपचाप शाम आती है, पहले चिड़ियों के शोर हुआ करते थे।

मोहम्मद अल्वी का यह शेर लेख के अंत में समझ आएगा कि यहाँ क्यों इस्तेमाल किया गया है।
भारत देश इन दिनों हिन्दू मुस्लिम की नापाक जंग के एक लंबे दौर से गुजर रहा है। सीएए-एनआरसी पर केंद्र सरकार के फैसले के बाद देश दो हिस्सों में बट गया है, एक इसके पक्ष में और एक इसके खिलाफ। टीवी डिबेट्स से लेकर चाय के टपरे तक, हर जगह हिन्दू मुस्लिम, मंदिर मस्जिद और शाहीन बाग ट्रेंड में बना हुआ है। लेकिन इस देशव्यापी गर्मागर्मी के बीच भारत में रहने वाले पक्षियों को लेकर एक दर्दनाक खबर सामने आई है, जिस ओर कम ही न्यूज़ प्लेटफॉर्म्स और राजनेताओं का ध्यान गया है।

कुछ रोज पहले, गांधीनगर में वन्य जीवों की प्रवासी प्रजातियों के संरक्षण पर आयोजित 13वें सीओपी सम्मेलन में 'स्टेट ऑफ इंडियाज बर्ड्स रिपोर्ट: 2020' सामने आई, जिसमें दावा किया गया है कि भारत में पक्षियों की स्थिति बद से बदतर होती जा रही है। स्थिति की दयनीयता का अंदाजा इसी बात से लगाया जा सकता है कि जैव विविधता के लिए प्रसिद्ध पश्चिमी घाटों पर साल 2000 से पक्षियों की संख्या में 75 प्रतिशत तक की कमी आई है।

रिपोर्ट में यह भी बताया गया है कि गिद्ध, छोटे पंजों वाली स्नेक ईगल, बड़ी कोयल, सामान्य ग्रीन शैंक जैसे पक्षी लगभग विलुप्त होने की कगार पहुँच गए हैं। वहीं भारत में 79 प्रतिशत पक्षियों की संख्या घटी है।

अब जब रिपोर्ट में कई प्रजातियों के विलुप्त होने की बात कही गई है, तो सवाल उठना भी लाजमी है, और यह सवाल किसी एक पर नहीं बल्कि हम सभी पर उठता है। हम सभी मतलब, जीव वैज्ञानिकों से लेकर सरकारी तंत्रों और आम इंसानों तक, जिनकी सुबह चिड़ियों की चहचहाट से होती है। गर्मियां शुरु होने को हैं, और आसमान में उड़ते परिंदों की मुश्किलें भी बढ़ने वाली हैं।

पेट में भूख और कंठ में प्यास लेकर शहरों की छत के चक्कर लगाने वाले पक्षी हों या नदी, नालों और जंगलों में बसर करने वाले बेजुबान, इन दिनों अपनी ही अनुकूल जगह पर घुटन महसूस कर रहे हैं। लेकिन 137 करोड़ की आबादी में सिर्फ कुछ फीसदी लोग ही ऐसे हैं, जो निजी तौर पर पक्षियों के संरक्षण में योगदान दे रहे हैं, और यह अपने आप में एक चिंता का विषय है।

हाल में हुए संयुक्त राष्ट्र सम्मेलन, सीओपी-13 में खास बात यह रही कि प्रधानमंत्री नरेन्द्र मोदी ने भी वीडियो कॉन्फ्रेंसिंग के माध्यम से विषय को सम्बोधित किया था। इसलिए यह कहना भी गलत होगा कि इस बात की जानकारी जिम्मेदार नेताओं तथा सरकारी तंत्रों को नहीं है।

फिर ऐसी रिपोर्ट्स सामने आने के बाद भी हम भारत में सालों से रह रहे और प्रवासी पक्षियों को लेकर कितने गंभीर हैं, इस पर भी विचार किया जाना जरूरी है। लगातार घटती पक्षियों की संख्या से जीव वैज्ञानिक चिंतित तो हैं लेकिन इसकी मुख्य वजह और इसे रोकने के प्रभावी तरीके शायद ही किसी के पास है। साथ ही पक्षियों की इस दयनीय स्थिति को लेकर सरकारी महकमा कितना गंभीर है, यह भी एक शोध का ही विषय है।

अंत में इतना ही कहा जा सकता है कि शायद हमें आजादी से चली आ रही हिन्दू मुस्लिम लड़ाई को अब पीछे छोड़ देना चाहिए, और बेजुबानों की घटती संख्या पर गंभीरता अपनाना चाहिए, नहीं तो पहली पंक्ति में इस्तेमाल किया गया मोहम्मद अल्वी का शेर हमारी आने वाली पीढ़ियों को कड़वा सच बनकर सताएगा और इसके लिए इतिहास हमें कभी माफ नहीं कर पाएगा।

समाचार पत्रों से

Indian flag is embellished with five colours

■ By Atul Malikram

ASTONISHING..ISN'T it? Since childhood, we have been taught that our Indian flag consists of three colors- Saffron, White, and Green with an Ashok Chakra in the middle. The first Saffron band at the top of our flag indicates courage and strength, the second white band in the middle indicates peace and truth and the third green at the bottom shows fertility, growth, and auspiciousness of the land. The fourth color is the navy blue Ashoka Chakra, a 24 spoke wheel at the center that represents the eternal wheel of law and the dynamism of a peaceful change. The wheel denotes motion indicating that India should not resist change and move forward towards its progress.

But, have you ever thought about the blood that has been spilled to keep our flag fly high in the sky? Subhash Chandra Bose has once said to his soldiers, "Give me blood, and I shall give you freedom". We enjoy a comfortable and independent life because of the soldiers who protect us from any foreign intrusion. The price of our freedom is paid by the blood of our soldiers. Our tricolored flag with blue Ashok chakra in the middle proudly stands high because of the protection by the invisible bloodstains of our soldiers. When we see our flag in the sky, we are filled with pride. But what about the soldiers who died protecting it? The blood that splashes on the flag when our soldiers face martyrdom is immortal as they keep those brave souls alive forever. The blood on the flag wrapped around the martyred soldiers is the gift that these valiant sons have left for their motherland.

Why can't we see and understand the value of this red color that has been sacrificed for us? We cannot even understand the pain and sufferings of those workers who serve our soldiers throughout their life but never get any credit. The red color represents the loyalty, faith, and emotions of these people. They are the ones who witness the soldiers taking their last breath and hear "Bharat Mata ki Jai" for the last time from their lips. It's high time we acknowledge their sacrifice and appreciate the unwavering loyalty and patriotism of these courageous people. We accept the fifth red color of the flag which may be invisible but holds so much importance for India and its people. I salute these men who happily gave their lives and offer the fifth color to our flag so that we can sleep in peace.

Jai Hind, Jai Bharat!!!

आखिर कब थमेगा इमारतों पर चलते बुलडोजर का सिलसिला? - अतुल मलिकराम

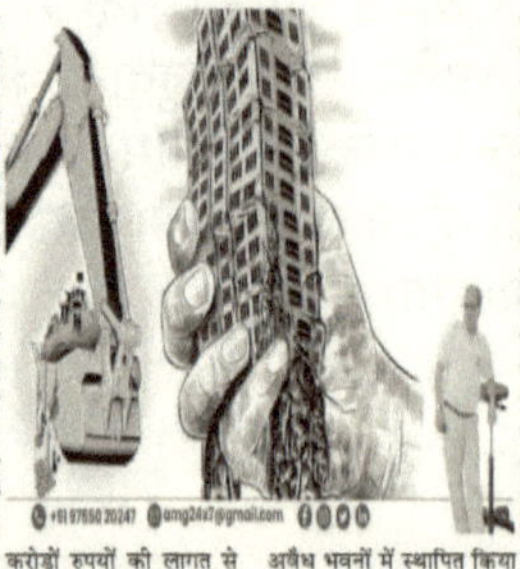

देश-दुनिया पीछे मुड़े बिना निरंतर तरक्की करने को कदम बढ़ा चली है। बड़ी संख्या में कई विकासशील देश अब विकसित देश की उपाधि प्राप्त करने की प्रतिस्पर्धा का अहम् हिस्सा हैं। लेकिन कहते हैं न कि बड़ी-बड़ी कामियाबियों के बाद भी कोई न कोई कसर रह जाती है। ऐसी ही एक बहुत बड़ी कमी लिए खड़ा है भारत। जी हाँ, रुपयों और मेहनत के मूल्य को नकारते हुए देश में कई ऐसे कार्यों को अंजाम दिया जाता है, जिन पर यदि विराम लग जाए, तो वास्तव में भारत अतुलनीय बन जाएगा। अतुल मलिकराम कहते हैं कि हमारे देश में कई वर्षों से टूट-फूट का शिकार होती सड़कों को करोड़ों रुपयों की लागत से बनाया जाता है। कुछ दिन भी गाड़ियाँ इन पर राहत से दौड़ नहीं पाती हैं, और बनी बनाई सड़कों पर फिर तोड़-फोड़ शुरू कर दी जाती है। इसका कारण यह है कि किसी विशेष प्रकार की लेन या ड्रैनेज लाइन उस सड़क में डालना रह जाती है। यदि बेहतर रूप से पहले ही प्लानिंग कर ली जाए, तो पुन:निर्माण की मानसिकता से पीड़ित तत्वों को तोड़-फोड़ करने की आवश्यकता ही न हो। एक अन्य बेहद महत्वपूर्ण उदाहरण यह भी है कि वर्षों की कमाई और कड़ी मेहनत से बनाया गया ऊँचा-पूरा भवन या मकान पल भर में धूल में मिला दिया जाता है, सिर्फ इस वजह से कि किसी कारणवश उसे अवैध करार कर दिया गया है। आए दिन भारत में आम खबर के रूप में सुनने के साथ ही हम हर गली और नुक्कड़ पर न जाने कितने ही भवनों पर बुलडोजर चलता देख लेते हैं। खबर छपती है कि फलाने शहर का फलाना भवन अवैध था, इसलिए तोड़ दिया गया। अन्य देशों में रातों-रात बड़े-बड़े भवनों आदि का निर्माण किया जाता है, लेकिन हमारे भारत में निर्माण से ज्यादा तोड़-फोड़ देखने को मिलती है। यदि इन्हें उजड़ने से बचाने के विषय पर गंभीरता से विचार किया जाए, तो सरकारी तथा सामाजिक कार्यों हेतु इन भवनों को काम में लिया जा सकता है। लाखों रूपए साल किराया देने वाले सरकारी भवनों को इन अवैध भवनों में स्थापित किया जा सकता है, जिससे तोड़-फोड़ तो बचेगी ही, साथ ही साथ बड़ी संख्या में किराया भी बच जाएगा। किराए में व्यर्थ होने वाले इस धन का उपयोग निश्चित तौर पर देश के विकास में कारगर साबित होगा। इसका एक अत्यंत विशेष सदुपयोग इस प्रकार भी हो सकता है कि इन भवनों में बेबस तथा लाचार व्यक्तियों और उनके परिवारों को स्थान दिया जाए। इन अवैध भवनों के माध्यम से किसी मजबूर को रहने के लिए छत मिल जाएगी। अवैध भवनों को धूल में मिलाने के बजाए उनके सदुपयोग को लेकर देश में विशेष कानून बनाना चाहिए। सरकार को चाहिए कि इस विषय पर गंभीरता से विचार करे और इमारतों पर बुलडोजर पर पूर्णविराम लगाए। (एजेन्सी)

गरीबों की मदद करने के बजाए उन्हें सक्षम बनाएं, तब जाकर जड़ से मिट पाएगी देश से गरीबी

आगरा। जैसा कि हम सभी जानते है, अंतर्राष्ट्रीय समुदाय ने संयुक्त राष्ट्र के माध्यम से सतत विकास के 17 लक्ष्यों की ऐतिहासिक योजना शुरू की है। इसका उद्देश्य वर्ष 2030 तक अधिक संपन्न, समावेशी, सक्षम, समतावादी और सुरक्षित विश्व की रचना करना है, जिस ओर हमारा भारत भी कदम बढ़ा चुका है। 2030 के भारत के सतत विकास के इन लक्ष्यों के अंतर्गत ऐसे विषय शामिल किए गए है, जिनसे हम लम्बे समय से जूझ रहे है, जैसे गरीबी, भुखमरी, शिक्षा, स्वच्छता, स्वास्थ्य, जलवायु, अन्य प्राणियों, जल और पेड़-पौधों की सुरक्षा, आर्थिक वृद्धि, औद्योगिक विकास तथा अन्य। यदि हम बात करें पहले लक्ष्य यानि शून्य गरीबी की, तो अतीत के साथ ही आज भी हमारे देश में लाखों लोग ऐसे है, जिनके पास तन पर पहनने के लिए कपड़ा और खाने के लिए रोटी नहीं है। यदि वास्तव में इस लक्ष्य की प्राप्ति करना हमारा उद्देश्य है, तो गरीबों की मदद करने के बजाए उन्हें सक्षम बनाएं, जिससे कि आने वाले समय में वे अपने से ऊँचे ओहदे वाले लोगों के सामने झुककर नहीं, बल्कि गर्व से सीना तानकर खड़े हों। सही मायने में यही उनके लिए सबसे बड़ी मदद होगी। अतुल मलिकराम कहते है कि 2030 के भारत के लक्ष्य के तहत गरीबी को जड़ से खत्म करने के लिए सिर्फ सरकार ही नहीं, बल्कि हर एक देशवासी को अपना योगदान देना होगा और हर एक नागरिक को इसके प्रति आज से ही जिम्मेदार होना होगा। हमें यह समझना होगा कि गरीब पहले ही अपनी आर्थिक कमजोरी के बोझ तले दबे है, उन्हें बैसाखी देकर और अधिक लाचार बनने को मजबूर न करें, बल्कि उनके

लिए बेहतर चिकित्सा और शिक्षा के ठोस नियम बनाए जाए। किसानों की फसलों हेतु भरपूर पानी की प्राप्ति के लिए नहरों आदि का निर्माण कराए। साथ ही बिजली आदि जैसी समस्याओं का निवारण किया जाए। इस प्रकार की सभी मूलभूत आवश्यकताएं पूरी करके उन्हें अपने पैरों पर खड़ा होने लायक बनाएं और उनका मनोबल बढ़ाएं। अब समय आ गया है कि देश से गरीबी को पूर्ण रूप से खत्म करने के लिए उपरोक्त विषयों के तहत सख्त नियम तथा कानून बनाए जाएं, और इन पर गंभीरता से अमल करने के साथ ही कड़ी कार्रवाई की जाए। देश का हर एक नागरिक इतना शिक्षित हो कि अपना और अपने परिवार का पेट भरने में सक्षम हो सके। इस प्रकार कोई भी व्यक्ति जरूरत की किसी भी वस्तु के लिए किसी अन्य पर निर्भर नहीं होगा, और साथ ही अपने परिवार का भरण-पोषण भी खुशहाली से कर सकेगा। इसके साथ ही किसानों को अपनी मेहनत का पूरा पैसा दिया जाना चाहिए, ताकि वे निर्भर बनने के बजाए समृद्ध बन सकें। एक कानून यह भी हो कि देश में बनाई जा रही इस प्रकार की हर एक योजना का लाभ सबसे पहले गरीबों को मिलना चाहिए, जिससे उनका आत्मबल दोगुना हो सके। इन योजनाओं का बीच में हाथ रोकने या स्वयं लाभ लेने वाले शैतानी तत्वों को कड़ी से कड़ी सजा सुनाई जानी चाहिए। तब जाकर भारत वर्ष 2030 तक बन सकेगा गरीबी मुक्त देश।

Indian flag is embellished with five colors: Atul Malikram

Astonishing..isn't it? Since childhood, we have been taught that our Indian flag consists of three colors- Saffron, White, and Green with an Ashok Chakra in the middle. The first Saffron band at the top of our flag indicates courage and strength, the second white band in the middle indicates peace and truth and the third green at the bottom shows fertility, growth, and auspiciousness of the land. The fourth color is the navy blue Ashoka Chakra, a 24 spoke wheel at the center that represents the eternal wheel of law and the dynamism of a peaceful change. The wheel denotes motion indicating that India should not resist change and move forward towards its progress.

But, have you ever thought about the blood that has been spilled to keep our flag fly high in the sky? Subhash Chandra Bose has once said to his soldiers, "Give me blood, and I shall give you freedom". We enjoy a comfortable and independent life because of the soldiers who protect us from any foreign intrusion. The price of our freedom is paid by the blood of our soldiers. Our tricolored flag with blue Ashok chakra in the middle proudly stands high because of the protection by the invisible bloodstains of our soldiers. When we see our flag in the sky, we are filled with pride. But what about the soldiers who died protecting it? The blood that splashes on the flag when our soldiers face martyrdom is immortal as they keep those brave souls alive forever. The blood on the flag wrapped around the martyred soldiers is the gift that these valiant sons have left for their motherland.

Why can't we see and understand the value of this red color that has been sacrificed for us? We cannot even understand the pain and sufferings of those workers who serve our soldiers throughout their life but never get any credit. The red color represents the loyalty, faith, and emotions of these people. They are the ones who witness the soldiers taking their last breath and hear "Bharat Mata ki Jai" for the last time from their lips. It's high time we acknowledge their sacrifice and appreciate the unwavering loyalty and patriotism of these courageous people. We accept the fifth red color of the flag which may be invisible but holds so much importance for India and its people. I salute these men who happily gave their lives and offer the fifth color to our flag so that we can sleep in peace.

Jai Hind, Jai Bharat..!!!!!!

दिल से

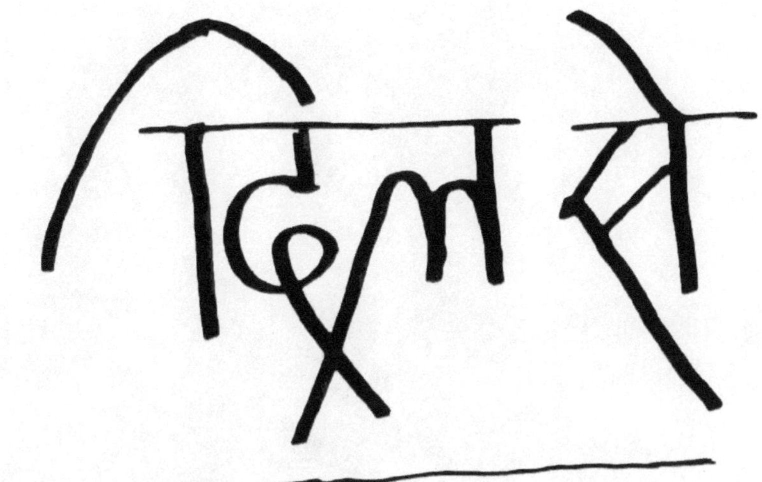

समाज

पहले गरीब भूख से मरता था, अब वह प्रदूषण से मरता है

क्या उस गरीब को मास्क पहने देखा है, जो चैबीसों घंटे इस जहरीली हवा में रहने को मजबूर है?

जब आने वाली पीढ़ियां आपसे जबाव मांगेंगी कि आखिर आपने उन्हें इतना प्रदूषण भेंट में क्यों दिया, तो क्या जबाव देंगे आप? खैर, आने वाली पीढ़ियों की बात तो हम बाद में करेंगे। पहले उनकी बात कर लेते हैं, जो आपकी वजह से इस प्रदूषण में रहने को मजबूर हैं। गरीबी का प्रदूषण तो वो झेल ही रहे थे, लेकिन अब जानलेवा हवा का प्रदूषण भी उनकी सांसों को कमजोर करता चला जा रहा है।

खैर! यह सब आप क्यों सोचेंगे, आपके घर में तो ताजा भोजन और शुद्ध पानी है। इतना ही नहीं, आप तो घर के बाहर भी पूरे इंतजाम के साथ निकलते हैं। काश! उस गरीब का भी ख्याल कर लिया होता, जो चैबीसों घंटे इस जहरीली हवा में रहने को मजबूर हैं, गंदा पानी पीने को मजबूर हैं और कूड़े से निकला बचा-खुचा खाने को मजबूर हैं।

सरकार, आपके दफ्तर और आपके बच्चों के स्कूलों की छुट्टियां तो घोषित करवा देती है। लेकिन उन गलियों, उन रैन बसेरों, फुटपाथों और बस्तियों का क्या, जहाँ ये गरीब बसते हैं, क्या वह वहाँ भी कोई इंतजाम करा पाती है? सरकार से निवेदन है मेरा कि वह इन गलियों का भी रूख करे, क्योंकि यह जहरीली हवा अमीरों से ज्यादा गरीबों को अपना शिकार बना रही है।

जब अमीरों को परेशानी होती है, तो वो सरकार तक पहुँच जाते हैं, मीडिया डिबेट में शामिल हो जाते हैं। गुजारिश है मेरा उन मीडियाकर्मियों से कि अपने कैमरे का फोकस ज़रा इन अमीरों से हटा, उन गरीबों की ओर मोड़ लें और ज़रा एक मास्क उन्हें भी पहना दें, क्योंकि इन अमीरों से ज्यादा प्रदूषण उन गरीबों को डसता है।

वह दिन दूर नहीं, जब सुनने में आएगा कि एक गरीब मर गया, इसलिए नहीं क्योंकि उसके मुँह में निवाला नहीं था, बल्कि इसलिए क्योंकि उसे सांस लेने का भी मोहताज बना दिया गया था। एक और बात, जो अमीर सबसे ज्यादा प्रदूषण का शोर मचा रहे हैं, प्रदूषण फैलाने के पीछे वे ही सबसे ज्यादा जिम्मेदार हैं।

इंसानियत से दूर होता जा रहा है इंसान

बदलते वक्त के साथ इंसान भी बदल-सा गया है। जैसे-जैसे देश दुनिया आधुनिकता अपना रही है, वैसे-वैसे इंसान अन्य प्राणियों और स्वयं इंसान से दूर होता जा रहा है। इंसान की सोच कुछ यूँ हो चली है कि जो मैं कर रहा हूँ, बस वही सही है। अन्य इंसान में वह कमी ही आंकता है। आप सोच रहे होंगे कि मैं ऐसा क्यों कह रहा हूँ। लेकिन इस बात पर आप स्वयं एक बार विचार करेंगे तो जानेंगे कि यह कड़वा है, लेकिन सच है। नई पीढ़ी के लोग खुद में सिमट से गए हैं, जो सिर्फ स्वयं के बारे में सोचने पर विवश हो चले हैं। वहीं दूसरी ओर, यदि विश्वास की बात करें तो इंसान की सोच यहाँ आकर पूरी तरह उलट जाती है। अंजान इंसान पर विश्वास करने को इंसान मजबूर है, लेकिन अपने रिश्तेदार या मित्र पर भरोसा करने से पहले वह सौ बार सोचता है। हैरत की बात है कि उसने मजबूरी का तानाबाना इस कदर बुन रखा है कि अपनों के साथ रहने के बाद भी वह उनसे मीलों दूर है।

इसे हम एक अजीब लेकिन चकित कर देने वाले उदाहरण से समझते हैं। जब भी कोई सेलिब्रिटी किसी प्रोडक्ट या सर्विस को प्रमोट करता है, तो लोग इसे खरीदने के लिए बेहद उत्सुक रहते हैं। लेकिन जब हमारा कोई रिश्तेदार या दोस्त नया बिजनेस स्टार्ट करता है, तो उसके प्रोडक्ट या सर्विस लेने में हम न जाने कितनी बार सोचते हैं, उस पर रिसर्च करते हैं, उसे जज करते हैं, और आखिर में यह कह कर प्रोडक्ट नहीं लेते कि यह बहुत महंगा है, या इसकी सर्विस अच्छी नहीं है।

मैं यहाँ एक सवाल पूछना चाहता हूँ कि जिन लोगों से हम कभी मिले नहीं हैं, जिन्हें हम ठीक से जानते तक नहीं हैं, जो पहले से ही सुख-सुविधाओं से समृद्ध जीवन जी रहे हैं, उन पर हम आँख बंद करके विश्वास कर लेते हैं। इसके विपरीत, हमारे ही समान सादी जिंदगी जीने वाले, या यूँ कह लें कि हमारे अपनों का ही साथ न देने के लिए हमारे पास लाखों कारण होते हैं। दरअसल ये कारण नहीं हैं, महज बहाने हैं, जी हाँ! सिर्फ बहाने।

क्यों हम खुद से नहीं पूछते हैं कि ये हम क्या कर रहे हैं? हम क्यों नहीं समझते हैं कि हम अपनों को ही पीछे की ओर धकेल रहे हैं। हम कैसे किसी अंजान पर अपनों से ज्यादा विश्वास कर सकते हैं? क्यों यह विश्वास हम अपनों के प्रति नहीं बना पाते? अपने दरमियान एक बार जरूर झांके और स्वयं से ये सभी सवाल जरूर करें।

प्रधानमंत्री द्वारा चलाया गया वोकल फॉर लोकल अभियान इन सवालों के सारे जवाब समाहित किए हुए है। तो क्यों न हम इस पहल को ही बढ़ावा देकर अपनों के लिए कुछ अच्छा करें। जब कोई नया काम शुरु करता है, तो हजारों सपने बुनता है, अपनों से मिला स्नेह काम करने की ललक को दोगुना कर देता है। यही वह समय होता है जब आपका साथ उनकी हिम्मत बढ़ाने का काम करता है, और उन्हें नई ऊंचाइयों को छूने की राह मिलती है। भले ही आपको उस प्रोडक्ट या सर्विस की मौजूदा समय में जरुरत नहीं है, लेकिन आप उसे अन्य लोगों तक पहुँचाकर भी उसे सहयोग कर सकते हैं। इसलिए जब भी आपका कोई रिश्तेदार या मित्र अपने बिजनेस के बारे में पोस्ट करता है, तो उसे लाइक, शेयर और कमेंट करना न भूलें। उन्हें और उनके एफर्ट्स को इनकरेज करें, उनकी इस यात्रा का हिस्सा बनें और उन्हें प्रमोट करें।

मदद करें, यदि यह वास्तव में आपके लिए मतलब रखता है, इसलिए नहीं कि आप इसे लेकर मतलबी हैं

आधुनिकता के पीछे भागती युवा पीढ़ी भावना के मोल को भूल चली है और खुद पर ओढ़ लिया है आवरण दिखावे का। ऐसा दिखावा जो अन्य लोगों से खुद को श्रेष्ठ मानने की लालसा से पीड़ित है। इस लालसा के दुष्प्रभावों के आभास से परे इंसान बढ़ा चला जा रहा है उस राह की ओर, जहाँ से मंजिल के रूप में सिर्फ स्वयं की प्रशंसा की धुंध दिखाई देती है।

चलिए, हम इसे बतौर उदाहरण समझते हैं। बड़े-बुजुर्ग कहते हैं, यदि दान करो एक हाथ से तो दूसरे हाथ को पता मत चलने दो। उनके ऐसा कहने के पीछे एक बहुत ही बड़ा कारण है। बड़े-बुजुर्गों के कहे अनुसार जब भी हम किसी को कोई वस्तु, धन, अनाज आदि दान करते हैं, तो उसका लेखा हमारे अच्छे तथा पुण्य कर्मों में किया जाता है। यदि हम इसे दिखावे के रूप में लेते हैं, तो यह दान सही मायने में व्यर्थ है, और न ही इसका लेखा हमारे पुण्य कर्मों में किया जाता है।

कहने का तात्पर्य यह है कि यदि हमारा उद्देश्य दान करने का है, तो फिर दिखावा किस बात का? लेकिन इस ज्ञान की कमी लिए नई पीढ़ी खुद में ही सिमट कर रह गई है। दान को हमारे देश के युवा महज दिखावे की वस्तु मानने को मजबूर हो चले हैं। वे किसी दीन-दुखी की मदद करते समय मन में उठे भावों को सेल्फी लेकर अन्य लोगों को दिखाते हैं कि हम किसी की मदद कर रहे हैं। इस सेल्फी परिदृश्य ने दान और मदद करने की अवधारणा को बदलकर रख दिया है। चंद समय के लिए आपके मन को मिली यह बेबाक खुशी अंदर से किसी को तोड़ देती है।

कुछ लोग इसे अपनी संपत्ति या धन दुनिया को दिखाने का सबब मानते हैं। धन का दिखावा उन्हें महज लोभ, शक्ति, श्रेष्ठता और घमंड की भावना देता है। पहले से दुखी उस व्यक्ति के दिल को कितनी ठेस पहुँचती होगी, जिस दिन इस सवाल का जवाब हमें मिल जाएगा, देश से दिखावे का नामो-निशान मिट जाएगा।

भगवान हम में से प्रत्येक का निर्माण प्रेम तथा सहजता से करते हैं। हम सब उनकी नजर में एक जैसे हैं। यदि हम में से कुछ अधिक फले-फूले हैं और थोड़े अतिरिक्त हैं, तो हमें स्वयं को समाज को दान करने और समानता फैलाने के प्रति जिम्मेदार महसूस करना चाहिए। प्रत्येक धर्म भी यही कहता है कि हमें अपनी कमाई का कुछ हिस्सा अनिवार्य रूप से दान करना चाहिए। साथ ही, भारतीय संस्कृति भी 'गुप्त दान' में विश्वास करती है, जिसका अर्थ है बिना किसी को बताए दान करना। जब हम कैमरे के क्लिक के साथ दान करते हैं, तो यह लेने वाले से यही कहता है कि मैं वही हूँ जो तुम्हारी मदद करने के लिए यहाँ हूँ।

जितनी तुम्हें इसकी आवश्यकता है, उससे कहीं गुना अधिक आवश्यकता मुझे इसे सोशल मीडिया पर पोस्ट करने और इस पर हजारों लाइक्स की है। मुझे दुनिया को बताना है कि मैं तुमसे श्रेष्ठ हूँ, साथ ही, मैं अच्छे इंसान के रूप में समाज द्वारा स्वीकार किए जाने की दुर्बलता से पीड़ित हूँ। यह दान नहीं है, बल्कि यह देखने की इच्छा है कि अन्य लोग आपके दान के लिए आपकी कितनी प्रशंसा करते हैं।

जीवन की आपाधापी में कहीं विलुप्त न हो जाए समाज सेवा

देश-दुनिया आधुनिकता को अपनाने का सपना लिए मीलों का सफर तय कर चुकी है और आगे चलना अभी-भी बाकि ही है। लेकिन जीवन की इस दौड़-भाग में हम कहीं न कहीं अपने कर्तव्यों, अध्यात्म, अन्य प्राणियों की सेवा को बहुत पीछे छोड़ आए हैं। इतना पीछे कि अब तो उस कर्त्तव्यनिष्ठा की धुंध भी नजर नहीं आती है। दूसरों से खुद को आगे देखने की इच्छा हमसे हमारा सब कुछ छीने जा रही है। हम कहाँ भागे जा रहे हैं? हम अपनी जिंदगी को पीछे छोड़ आगे आखिर क्या हासिल करने जा रहे हैं? क्या पैसा कमाना ही हमारे जीवन का एकमात्र उद्देश्य रह गया है? हम क्यों हमेशा अपने से ऊपर वाले को ही देखते हैं? हमें क्यों अपने से नीचे वाले व्यक्ति नजर नहीं आते है? क्या आपने कभी रुक कर इन सवालों के जवाब जानने की कोशिश मात्र भी की है?

अतुल मलिकराम के अनुसार हम इस बात से भलीभांति परिचित हैं कि अपने जीवन की बागडौर सँभालने के साथ ही दान, धर्म, सेवा, अध्यात्म और मानवता जैसे अनेक कर्तव्यों के तले एक व्यक्ति अपने जीवन का ताना-बाना बुनता है। लेकिन हम तो इसका एक कतरा मात्र भी नहीं संजो पाए हैं। पैसे कमाने की होड़ में हम इस ज्ञान को भी भूल चले हैं कि अंत में हमारे साथ पैसा नहीं जाएगा, बल्कि हमारे द्वारा किए गए अच्छे-बुरे कर्म जाएंगे। यह अटल सत्य है कि हम यहाँ से धूल का एक कण भी अपने साथ नहीं ले जा पाएंगे। इसलिए 50 से 55 वर्ष की आयु के बाद अपने काम से रिटायरमेंट लेकर स्वयं को समाज सेवा के लिए अग्रसर करें।

मैंने इस ओर कदम बढ़ा लिए हैं। उम्मीद करता हूँ, आप भी इसकी महत्ता को समझेंगे और नई पीढ़ी को भी इसकी भीनी खुशबू से सुगन्धित करेंगे। अपने जीवन के महत्वपूर्ण वर्ष नेक कार्यों में लगाएं। जिस गति से हम आगे को बढ़ रहे हैं, अब रुकना तो संभव नहीं है, लेकिन अपने कर्तव्यों के प्रति तो हम वफादार हो ही सकते हैं। ऐसे कई कार्य, कई लोग, कई प्राणी हैं, जिन्हें हमारी बेहद आवश्यकता है।

ऐसे कई उदाहरण हम अपनी दिनचर्या में देखकर भी अनदेखा कर देते हैं। सड़कों पर बैठे हजारों लाचार और मजबूर लोगों को एक समय का भर पेट भोजन भी नसीब नहीं होता है। गर्मी के मौसम में हजारों पशु-पक्षी पानी की एक बूँद को तरस जाते हैं और वह प्यास कारण बन जाती है उन्हें मौत के घाट उतारने का। माता-पिता की गोद से वंचित देश में लाखों अनाथ बच्चे हर दिन भूख से तड़पते हैं, किसी ऐसे व्यक्ति का साथ चाहते हैं, जो उनके सिर पर प्यार से हाथ रख दे। पूरा जीवन अपने बच्चों का लाड़ से पालन-पोषण करने वाले माता-पिता अपने जीवन के आखिरी पड़ाव में सुख-शांति की आस बांधे रहते हैं, लेकिन विपरीत परिणाम के चलते लाखों बुजुर्ग वृद्धाश्रम में अपने अंतिम दिन गुजारने को मजबूर हैं।

आप जिस भी तरह से इनकी सेवा कर सकते हैं, जरूर करें। यदि देश का हर एक व्यक्ति समाज सेवा का प्रण ले ले, तो इसका परिणाम यह होगा कि आने वाले समय में कोई प्राणी भूखा नहीं सोएगा। हर बच्चे को माता-पिता और हर माता-पिता को बच्चों का सुख प्राप्त हो जाएगा। हर धर्म भी यही कहता है कि समाज सेवा ही मानव सेवा है। इसलिए उम्र के सबसे महत्तम पड़ाव में अपने काम से रिटायरमेंट लेकर यह महत्वपूर्ण समय समाज सेवा में लगाएं, फिर देखें कैसी अद्भुत शान्ति आपकी अंतरात्मा को मिलती है।

लाख तरक्की के बावजूद हम बुजुर्गों का ख्याल रखने में पीछे हैं

बुढ़ापा किसी व्यक्ति की उम्र का एक ऐसा पड़ाव होता है, जिसमें प्रवेश करने के बाद उसके जीवन में एक बार फिर से बचपन दस्तक देता है। वही बचपन, जिसके लिए हम कहते हैं कि यह एक बार चला गया, तो फिर कभी लौटकर नहीं आएगा। वृद्धावस्था में बचपन का पुनः आगमन वास्तव में अद्भुत और अतुलनीय है। ऐसा इसलिए है क्योंकि बुजुर्ग व्यक्ति का स्वभाव एक बच्चे की तरह ही होता है, छोटी-छोटी बातों में खुशियां ढूंढने की आदत और भावनाओं का गहरा सागर, बड़े-बूढ़ों के दिलों में एक बच्चे की तरह ही उमड़ता है। जिस तरह एक छोटे बच्चे को हर क्षण अपनी माता के आँचल और पिता के साए से घिरे रहना बेहद लुभाता है, ठीक इसी प्रकार बुजुर्गों को भी अपने बच्चों को अपने आसपास हँसते-खेलते देख उत्तम आनंद की अनुभूति होती है। वे उम्र के इस अद्भुत पड़ाव में अपनों का प्यार और साथ चाहते हैं। इसलिए उनके साथ बैठकर भोजन करें, उनके साथ टहलने जाएं, उनके स्वास्थ्य का ख्याल रखें, उन्हें क्षण भर के लिए भी अकेला न छोड़ें, उनकी आवश्यकताओं का ध्यान रखें, उन्हें आश्वासन दें कि हर एक स्थिति में आप उनके साथ हैं।

हम आए दिन विभिन्न क्षेत्रों में तरक्की कर रहे हैं, लेकिन सत्य यह है कि इन सबके बावजूद हम बुजुर्गों का ख्याल रखने में काफी पीछे हैं। जिन्होंने हमें ऊँगली पकड़कर चलना सिखाया, हमारी टूटी-फूटी बोली से जो जग जीत जाया करते थे, जिनकी गोद में हम पले-बढ़े, जिनकी आँचल की छाँव ने हम पर कभी दुःख रूपी धूप का साया तक नहीं पड़ने दिया, जिनके कांधों पर बैठकर हम दुनिया की सैर कर आते थे, जो खुद सारी रात जागकर हमें लोरियाँ सुनाते रहे, ताकि हम चैन की नींद सो सकें, जिन्होंने हमारे भीतर संस्कारों की मजबूत नींव गढ़ी, क्या हम उनके इन उपकारों को वास्तव में नजर अंदाज करने का विचार भी अपने मन में ला सकते हैं? अपने जीवन के अंतिम दौर में वे हमसे क्या चाहते हैं? सिर्फ परिवार का साथ। है न!! लेकिन हम क्या कर रहे हैं? हम उनसे उनका बचपन और बुढ़ापा दोनों छीन रहे हैं।

भले ही हमारा उद्देश्य नकारात्मक न हो, लेकिन कमाने की होड़ में हम घर की बुनियाद हिलाकर यानी बुजुर्गों का साथ छोड़कर एकल परिवार की नींव गढ़ रहे हैं, हम पूरे परिवार को जाने-अनजाने में तोड़ने का कारण बन रहे हैं, उनसे उनके सबसे अच्छे और सच्चे दोस्त, उनके नाती-पोते छीनने की वजह बन रहे हैं। दादी-नानी की कहानियां भी अब इस वजह से विलुप्त होती नजर आ रही हैं।

कारण कुछ भी हो, लेकिन यह सत्य है कि बीते कुछ वर्षों में एकल परिवार का चलन काफी तेजी से बढ़ा है, ऐसे में बच्चे और बुजुर्ग दोनों ही एक-दूसरे के प्यार से वंचित हो रहे हैं। बहुत कम ही परिवार बचे हैं, जो बुजुर्गों के आशीर्वाद से फलीभूत हैं। क्या वास्तव में बुजुर्गों के आशीर्वाद के बिना हमारे जीवन के कुछ मायने हैं? बदलते ज़माने के साथ आज कई बुजुर्ग अपने अंतिम दिन वृद्धाश्रम में गुजारने को मजबूर हो चले हैं। क्या उन्हें ठेस पहुँचाकर हम भविष्य में खुश रह पाएंगे? यह कतई न भूलें, कि आज हमारे द्वारा किए गए कर्म कल हमें ढूंढते हुए जरूर हमारे सामने आएँगे। मंदिरों में भारी मात्रा में दिया गया चढ़ावा और नित दिन भी यदि हम दान-धर्म करें, तो हमें इसके लिए धूल के कण बराबर भी पुण्य फल प्राप्त नहीं होगा, यदि हम माता-पिता को पूजने में असमर्थ हैं, क्योंकि शास्त्रों में भी माता-पिता को भगवान् का स्थान दिया गया है। इसलिए स्वयं से पहले उनका ख्याल रखें और उनके बुढ़ापे का सहारा बनें। जिनके सिर पर बुजुर्गों का हाथ है, सही मायने में वे ही दुनिया के सबसे धनी और सफल व्यक्ति हैं।

अपनों के काम पर नहीं होता आंख मूंद कर भरोसा

ऐश्वर्या राय ने एक साबुन का प्रचार किया और लोगों ने उसे खरीदना शुरू कर दिया। शिल्पा सेठी ने नाश्ते का ऐड बनाया तो लोगों से उसे ही हेल्दी फूड मान लिया। ऐसे ही ऋतिक रोशन ने डियो लगाया तो हम डियो के पीछे लग गए, एप्पल ने नया फोन लॉन्च किया तो लाइन लगा कर जेब खाली करने पहुँच गए। यहाँ तक कि दीपिका पादुकोण ने वजन घटाया तो देश में एक नया ट्रेंड सेट हो गया। अच्छी खासी हैल्दी लडकियाँ कुपोषण का शिकार लगने लगी हैं। लेकिन......

लेकिन यही काम यानी जब हमारा कोई फ्रेंड या फैमिली मेंबर अपना कुछ नया व्यवसाय या सर्विस शुरू करता है, क्या तब भी हम इतना ही उत्साह और जोश दिखाते हैं?

मैं दावे के साथ कह सकता हूँ कि 90 फीसदी लोगों का जवाब न होगा। ऐसा इसलिए क्योंकि हम उनके प्रोडक्ट या सर्विस पर भरोसा करने में घबराते हैं। हम गहरी छानबीन कर के अपनों के प्रोडक्ट या सर्विस को एक्सपेंसिव बता देते हैं, पूरे प्रोसेस को जज करते हैं, उसकी क्षमता पर शक करते हैं, और अंत में सारी मेहनत नजरअंदाज कर देते हैं।

ये जो जरुरत से ज्यादा तहकीकात हम अपनों के मामले में करते हैं, वह सेलेब्रिटीज़ या बड़े ब्रांड्स के मामले में नहीं करते। आंख मूंद पैसे खर्च करना हमें ज्यादा सेफ लगता है। शायद ब्रांड रेपोटेशन भी इसे ही कहते हैं, लेकिन ये भूल जाते हैं कि ये सभी नामी लोग या प्रोडक्ट भी कभी शून्य से ही शुरू हुए थे और उन्हें भी आप जैसे ही कुछ अपनों का साथ मिला, जिसकी बदौलत वह आज एक ब्रांड के रूप में खुद को स्थापित कर पाए।

अब सवाल यह है कि आखिर हम ऐसा करते क्यों हैं, क्या इसे एक ह्यूमन नेचर मान कर ऐसे ही नजरअंदाज कर दिया जाना चाहिए या फिर हम इस आदत में बदलाव लाना चाहिए।

क्या हम उनकी खुशी में खुश हैं? और क्या हम वाकई उनके लिए कुछ करना चाहते हैं? इन सवालों के साथ आपको खुद से यह भी पूछना होगा कि आखिर क्यों हम किसी अनजाने के मामले में इतनी तेजी दिखाते हैं, जिसके पास पहले से ही सब कुछ है, नाम है, काम है, पैसा है लेकिन वह जो हममें से ही एक है, हमारे बीच से ऊपर उठने की कोशिश कर रहा है, उसे सपोर्ट करने में इतना संकोच क्यों करते हैं?

अगर इस लेख की इतनी-सी भी बात आपके पल्ले पड़ी तो अगली बार से जब भी कभी किसी अपने के बिज़नेस या नई सर्विस का पोस्ट सोशल मीडिया पर देखें तो उसे शेयर, लाइक और कमेंट देना न भूलें।

उनके काम, कोशिश और सपने को प्रोत्साहित करें। उनकी इस यात्रा का हिस्सा बनें और उसे खूबसूरत बनाने की कोशिश करें। अपनी फैमिली और फ्रेंड्स की मेहनत को भी प्रमोट करें, अच्छा लगेगा।

हे इंसान! मेरे बच्चे भी भूख से तड़प रहे हैं

मैं रोज सुबह उड़ान भरता हूँ, चारों ओर निहारता हूँ, वहाँ भी जाता हूँ, जहाँ तुम हर रोज मेरे और मेरे बच्चों के लिए खाना रख जाते थे। लेकिन कहीं कुछ नहीं पाता हूँ। समझ नहीं पा रहा हूँ कि आखिर कैसे पेट भरु मैं उनका।

सोचा एक बार, आपसे रूबरू हो जाता हूँ। हम भी जानते हैं कि आज मानव समाज खतरे में है, आप मुश्किल दौर से गुजर रहे हैं। लेकिन हमारी उम्मीद आपसे है कि आप अपने घरों के बाहर या छत पर हमारे लिए कुछ बचा-खुचा छोड़ देंगे, ताकि हमारे परिवार का भी पेट भर सके।

कोरोना महामारी ने हमें प्रकृति का महत्व तो समझा दिया है, आज प्रकृति खूबसूरत दिख रही है, नदियाँ खिलखिला रही हैं, पहाड़ शान से खड़े हैं, लेकिन हमें यह समझना होगा कि यह प्रकृति इन प्यारे पक्षियों और जीवों के बिना अधूरी है।

गर्मियां शुरु हो गई हैं और इसके साथ ही पक्षियों की परेशानियाँ भी। महामारी की वजह से इंसान घरों में कैद हैं और पक्षियों को भी भोजन नहीं मिल रहा है। भूख-प्यास से तड़प कर इन बेजुबानों की जान जा सकती है। आज इस महामारी ने हमें जीवन का महत्व तो समझा दिया है। लेकिन यह जीवन इन बेजुबानों के लिए भी उतना ही महत्वपूर्ण है, जितना हम इंसानों के लिए है। इसलिए याद से हर रोज थोड़ा भोजन और पानी पक्षियों के नाम से भी निकालें, ताकि वे और उनका परिवार भूख से तड़प कर ना मरे।

एक समय था, जब हम सुबह-सुबह पक्षियों की चहचहाहट सुनकर उठते थे। हमारी सुबह की चाय और इन पक्षियों की मीठी आवाज़ें हमें अपने जीवन का दूसरा दिन शुरु करने के लिए प्रेरित करती थीं। लेकिन अब ऐसा लग रहा है कि सुबह का यह नजारा बदल चुका है। चाहे वह सुबह का समय हो या शाम का समय हो, हम आकाश में उड़ते हुए पक्षियों को देखते थे।

लेकिन अब, चहकने और चहचहाहट की आवाज़ के बजाय, हम वाहनों की आवाज़ सुनते हैं, पक्षियों के स्थान पर हम धुएं की परतें देखते हैं और प्रदूषण का आकाश देखते हैं। पिछले कुछ वर्षों में पर्यावरण की पूरी तस्वीरों को बदल दिया गया है। लेकिन क्या आपने कभी इस बारे में कोई विचार किया कि हमारे आसपास से पक्षियों के अचानक गायब होने का कारण क्या हो सकता है? प्रकृति के उन छोटे जीवों का क्या हुआ, जो अपनी आवाज़ और ऊर्जा से हमारे दिमाग को ताज़ा करने में कभी असफल नहीं होते थे?

इन विचारों को ध्यान में रखते हुए उत्तर भारत के प्रमुख प्रसिद्ध पीआर संगठन, PR 24X7 ने प्रकृति के इन अनमोल प्राणियों को बचाने और संरक्षित करने के मिशन के साथ #ILOVEBIRDS की पहल शुरू की है।

समाचार पत्रों से

लाख तरक्की के बावजूद हम बुजुर्गों का ख्याल रखने में पीछे हैं- अतुल मलिकराम

बुढ़ापा किसी व्यक्ति की उम्र का एक ऐसा पड़ाव होता है, जिसमें प्रवेश करने के बाद उसके जीवन में एक बार फिर से बचपन दस्तक देता है। वही बचपन, जिसके लिए हम कहते है कि यह एक बार चला गया, तो फिर कभी लौटकर नहीं आएगा। वृद्धावस्था में बचपन का पुनः आगमन वास्तव में अद्भुत और अतुलनीय है। ऐसा इसलिए है क्योंकि बुजुर्ग व्यक्ति का स्वभाव एक बच्चे की तरह ही होता है, छोटी-छोटी बातों में खुशियां ढूंढने की आदत और भावनाओं का गहरा सागर, बड़े-बूढ़ों के दिलों में एक बच्चे की तरह ही उमड़ता है। जिस तरह एक छोटे बच्चे को हर क्षण अपनी माता के आँचल और पिता के साए से घिरे रहना बेहद लुभाता है, ठीक इसी प्रकार बुजुर्गों को भी अपने बच्चों को अपने आसपास खिलते-खेलते देख उत्तम आनंद की अनुभूति होती है। वे उम्र के इस अद्भुत पड़ाव में अपनों का प्यार और साथ चाहते हैं। इसलिए, उनके साथ बैठकर भोजन करें, उनके साथ टहलने जाएं, उनके स्वास्थ्य का खयाल रखें, उन्हें क्षण भर के लिए भी अकेला न छोड़ें, उनकी आवश्यकताओं का ध्यान रखें, उन्हें आश्वासन दें कि हर एक स्थिति में आप उनके साथ हैं। हम आए दिन विभिन्न क्षेत्रों में तरक्की कर रहे है, लेकिन सत्य यह है कि इन सबके बावजूद हम बुजुर्गों का खयाल रखने में काफी पीछे हैं। जिन्होंने हमें उंगली पकड़कर चलना सिखाया, हमारी टूटी-फूटी बोली से जो जग जीत जाया करते थे, जिनकी गोद में हम पले-बढ़े, जिनकी आँचल की छाँव ने हम पर कभी दुःख रूपी धूप का साया तक नहीं पड़ने दिया, जिनके कांधों पर बैठकर हम दुनिया की सैर कर आते थे, जो खुद सारी रात जागकर हमें लोरियाँ सुनाते रहे, ताकि हम चैन की नींद सो सकें, जिन्होंने हमारे भीतर संस्कारों की मजबूत नींव गढ़ी, क्या हम उनके इन उपकारों को वास्तव में नजर अंदाज करने का विचार भी अपने मन में ला सकते हैं? अपने जीवन के अंतिम दौर में वे हमसे क्या चाहते हैं? सिर्फ परिवार का साथ। है न!! लेकिन हम क्या कर रहे हैं? हम उनसे उनका बचपन और बुढ़ापा दोनों छीन रहे हैं। भले ही हमारा उद्देश्य नकारात्मक न हो, लेकिन कमाने की होड़ में हम घर की बुनियाद हिलाकर यानी बुजुर्गों का साथ छोड़कर एकल परिवार की नींव गढ़ रहे हैं, हम पूरे परिवार को जाने-अनजाने में तोड़ने का कारण बन रहे हैं, उनसे उनके सबसे अच्छे और सच्चे दोस्त, उनके नाती-पोते छीनने की वजह बन रहे हैं। दादी-नानी की कहानियां भी अब इस वजह से विलुप्त होती नजर आ रही हैं। कारण कुछ भी हो, लेकिन यह सत्य है कि बीते कुछ वर्षों में एकल परिवार का चलन काफी तेजी से बढ़ा है, ऐसे में बच्चे और बुजुर्ग दोनों ही एक-दूसरे के प्यार से वंचित हो रहे हैं। बहुत कम ही परिवार बचे है, जो बुजुर्गों के आशीर्वाद से फलीभूत हैं। क्या वास्तव में बुजुर्गों के आशीर्वाद के बिना हमारे जीवन के कुछ मायने हैं? बदलते जमाने के साथ आज कई बुजुर्ग अपने अंतिम दिन वृद्धाश्रम में गुजारने को मजबूर हो चले हैं। क्या उन्हें ठेस पहुँचाकर हम भविष्य में खुश रह पाएंगे यह कतई न भूलें, कि आज हमारे द्वारा किए गए कर्म कल हमें ढूंढते हुए जरूर हमारे सामने आएंगे।

मंदिरों में भारी मात्रा में दिया गया चढ़ावा और नित दिन भी यदि हम दान-धर्म करें, तो हमें इसके लिए धूल के कण बराबर भी पुण्य फल प्राप्त नहीं होगा, यदि हम माता-पिता को पूजने में असमर्थ हैं, क्योंकि शास्त्रों में भी माता-पिता को भगवान् का स्थान दिया गया है। इसलिए, स्वयं से पहले उनका खयाल रखें और उनके बुढ़ापे का सहारा बनें। जिनके सिर पर बुजुर्गों का हाथ है, सही मायने में वे ही दुनिया के सबसे धनी और सफल व्यक्ति हैं।

जीवन की आपाधापी में कहीं विलुप्त न हो जाए समाज सेवा: अतुल मलिकराम

आगरा। देश-दुनिया आधुनिकता को अपनाने का सपना लिए मीलों का सफर तय कर चुकी है और आगे चलना अभी-भी बाकि ही है। लेकिन जीवन की इस दौड़-भाग में हम कहीं न कहीं अपने कर्तव्यों, आध्यात्म, अन्य प्राणियों की सेवा को बहुत पीछे छोड़ आए हैं। इतना पीछे कि अब तो उस कर्तव्यनिष्ठा की धुंध भी नजर नहीं आती है। दूसरों से खुद को आगे देखने की इच्छा हमसे हमारा सब कुछ छीने जा रही है। हम कहाँ भागे जा रहे हैं? हम अपनी जिंदगी को पीछे छोड़ आगे आखिर क्या हासिल करने जा रहे हैं? क्या पैसा कमाना ही हमारे जीवन का एकमात्र उद्देश्य रह गया है? हम क्यों हमेशा अपने से ऊपर वाले को ही देखते हैं? हमें क्यों अपने से नीचे वाले व्यक्ति नजर नहीं आते हैं? क्या आपने कभी रुक कर इन सवालों के जवाब जानने की कोशिश मात्र भी की है? अतुल मलिकराम के अनुसार हम इस बात से

भलीभांति परिचित है कि अपने जीवन की बागडोर संभालने के साथ ही दान, धर्म, सेवा, आध्यात्म और मानवता जैसे अनेक कर्तव्यों के तले एक व्यक्ति अपने जीवन का ताना-बाना बुनता है। लेकिन हम तो इसका एक कतरा मात्र भी नहीं संजो पाए हैं। पैसे कमाने की होड़ में हम इस ज्ञान को भी भूल चले है कि अंत में हमारे साथ पैसा नहीं जाएगा, बल्कि हमारे द्वारा किए गए अच्छे-बुरे कर्म जाएंगे। यह अटल सत्य है कि हम यहाँ से धूल का एक कण भी अपने साथ नहीं ले जा पाएंगे। इसलिए 50 से 55 वर्ष की आयु के बाद अपने काम से रिटायरमेंट लेकर स्वयं को समाज सेवा के लिए अग्रसर करें। मैंने इस ओर कदम बढ़ा लिए हैं। उम्मीद करता हूँ, आप भी इसकी महत्ता को समझेंगे और नई पीढ़ी को भी इसकी भीनी खुशबू से सुगन्धित करेंगे। अपने जीवन के महत्वपूर्ण वर्ष नेक कार्यों में लगाएं। जिस गति से हम आगे को बढ़ रहे है, अब रुकना तो संभव नहीं है, लेकिन अपने कर्तव्यों के प्रति तो हम वफादार हो ही सकते है। ऐसे कई कार्य, कई लोग, कई प्राणी हैं, जिन्हें हमारी बेहद आवश्यकता है। ऐसे कई उदाहरण हम अपनी दिनचर्या में देखकर भी अनदेखा कर देते हैं। सड़कों पर बैठे हजारों लाचार और मजबूर लोगों को एक समय का भर पेट भोजन भी नसीब नहीं होता है। गर्मी के मौसम में हजारों पशु-पक्षी पानी की एक बूंद को तरस जाते हैं और यह प्यास कारण बन जाती है उन्हें मौत के घाट उतारने का। माता-पिता की गोद से वंचित देश में लाखों अनाथ बच्चे हर दिन भूख से तड़पते है, किसी ऐसे व्यक्ति का साथ चाहते है, जो उनके सिर पर प्यार से हाथ रख दे। पूरा जीवन अपने बच्चों का लाड़ से पालन-पोषण करने वाले माता-पिता अपने जीवन के आखिरी पड़ाव में सुख-शांति की आस बांधे रहते हैं, लेकिन विपरीत परिणाम के चलते लाखों बुजुर्ग वृद्धाश्रम में अपने अंतिम दिन गुजारने को मजबूर हैं। आप जिस भी तरह से इनकी सेवा कर सकते हैं, जरूर करें। यदि देश का हर एक व्यक्ति समाज सेवा का प्रण ले ले, तो इसका परिणाम यह होगा कि आने वाले समय में कोई प्राणी भूखा नहीं सोएगा। हर बच्चे को माता-पिता और हर माता-पिता को बच्चों का सुख प्राप्त हो जाएगा। हर धर्म भी यही कहता है कि समाज सेवा ही मानव सेवा है। इसलिए उम्र के सबसे महतम पड़ाव में अपने काम से रिटायरमेंट लेकर यह महत्वपूर्ण समय समाज सेवा में लगाएं, फिर देखें कैसी अद्भुत शान्ति आपकी अंतरात्मा को मिलती है।

માણસો માનવતાથી દૂર જઈ રહ્યા છે, દ્વારા - અતુલ મલિકરામ, સ્થાપક, પીઆર 24x7

બદલાતા સમય સાથે માણસો પણ ઘણી રીતે બદલાયા છે. બદલાતા સમય સાથે દુનિયા પણ આગળ વધી રહી છે અને આધુનિક સામાજિક ધોરણો અને મૂલ્યો અપનાવી રહી છે, પરંતુ મનુષ્ય હોવાના તેમના વાસ્તવિક મૂળથી દૂર જઈ રહી છે. [illegible]

આજની પે generatione [illegible]

इंसानियत से दूर होता जा रहा है इंसान- अतुल मलिकराम, फाउंडर, PR 24×7

बदलते वक्त के साथ इंसान भी बदल सा गया है। जैसे जैसे देश दुनिया आधुनिकता अपना रही है, वैसे वैसे इंसान अन्य प्राणियों और स्वयं इंसान से दूर होता जा रहा है। इंसान की सोच कुछ यूं हो चली है कि जो मैं कर रहा हूँ, बस वही सही है। अन्य इंसान में वह कमी ही आंकता है। आप सोच रहे होंगे कि मैं ऐसा क्यों कह रहा हूँ। लेकिन इस बात पर आप स्वयं एक बार विचार करेंगे तो जानेंगे कि यह कड़वा है, लेकिन सच है। नई पीढ़ी के लोग खुद में सिमट से गए हैं, जो सिर्फ स्वयं के बारे में सोचने पर विवश हो चले हैं। वहीं दूसरी ओर, यदि विश्वास की बात करें तो इंसान की सोच यहाँ आकर पूरी तरह उलट जाती है। अंजान इंसान पर विश्वास करने को इंसान मजबूर है, लेकिन अपने रिश्तेदार या मित्र पर भरोसा करने से पहले वह सौ बार सोचता है। हैरत की बात है कि उसने मजबूरी का तानाबाना इस कदर बुन रखा है

कि अपनों के साथ रहने के बाद भी वह उनसे मीलों दूर है। इसे हम एक अजीब लेकिन चकित कर देने वाले उदाहरण से समझते हैं। जब भी कोई सेलिब्रिटी किसी प्रोडक्ट या सर्विस को प्रमोट करता है, तो लोग इसे खरीदने के लिए बेहद उत्सुक रहते हैं। लेकिन जब हमारा कोई रिश्तेदार या दोस्त नया बिजनेस स्टार्ट करता है, तो उसके प्रोडक्ट या सर्विस लेने में हम न जाने कितनी बार सोचते हैं, उस पर रिसर्च करते हैं, उसे जज करते हैं, और आखिर में यह कह कर प्रोडक्ट नहीं लेते कि यह बहुत महंगा है, या इसकी सर्विस अच्छी नहीं है।

मैं यहाँ एक सवाल पूछना चाहता हूँ कि जिन लोगों से हम कभी मिले नहीं हैं, जिन्हें हम ठीक से जानते तक नहीं हैं, जो पहले से ही सुख-सुविधाओं से समृद्ध जीवन जी रहे हैं, उन पर हम आँख बंद करके विश्वास कर लेते हैं। इसके विपरीत, हमारे ही समान सादी जिंदगी जीने वाले या यूं कह लें कि हमारे अपनों का ही साथ न देने के लिए हमारे पास लाखों कारण होते हैं। दरअसल ये कारण नहीं हैं, महज बहाने हैं, जी हाँ! सिर्फ बहाने। क्यों हम खुद से नहीं पूछते हैं कि ये हम क्या कर रहे हैं? हम क्यों नहीं समझते हैं कि हम अपनों को ही पीछे की ओर धकेल रहे हैं। हम कैसे किसी अंजान पर अपनों से ज्यादा विश्वास कर सकते हैं? क्यों यह विश्वास हम अपनों के प्रति नहीं बना पाते? अपने दरमियान एक बार जरूर झांकें और स्वयं से ये सभी सवाल जरूर करें।

प्रधानमंत्री द्वारा चलाया गया वोकल फॉर लोकल अभियान इन सवालों के सारे जवाब समाहित किए हुए है। तो क्यों न हम इस पहल को ही बढ़ावा देकर अपनों के लिए कुछ अच्छा करें। जब कोई नया काम शुरू करता है, तो हजारों सपने बुनता है, अपनों से मिला स्नेह काम करने की ललक को दोगुना कर देता है। यही वह समय होता है जब आपका साथ उनकी हिम्मत बढ़ाने का काम करता है, और उन्हें नई ऊंचाइयों को छूने की राह मिलती है। भले ही आपको उस प्रोडक्ट या सर्विस की मौजूदा समय में जरूरत नहीं है, लेकिन आप उसे अन्य लोगों तक पहुंचाकर भी उसे सहयोग कर सकते हैं। इसलिए, जब भी आपका कोई रिश्तेदार या मित्र अपने बिजनेस के बारे में पोस्ट करता है, तो उसे लाइक, शेयर और कमेंट करना न भूलें। उन्हें और उनके एफर्ट्स को इनकरेज करें, उनकी इस यात्रा का हिस्सा बनें और उन्हें प्रमोट करें।

ज्ञान संस्कार

दान करें दिखावा नहीं

अतुल मलिकराम

[illegible]

Humans are moving away from humanity: Atul Malikram

New Delhi/Indore, Dec. 11: With changing times humans have also changed, in many ways. With the changing times the world is also moving on and adopting modern social standards and means, but moving away from their actual origin of being human beings. From being a socially responsible character humans have changed their personality to being hu-means, one who have become mean, self acknowledging and people who live with the regressive behavior of 'Might is Right'. Learning to live with this competitive world and proving individual worth Humans have inculcated the habit of being pickers and opportunists to find mistake in others existence and the work they do. Being mean is not only a bad habit but a curse to making however living in the society we exist today and the competition with 'Survival of the fittest' is the soul motive. However, brutal but true this is that today's humans exist human beings don't.

The generation today is factor of their individual soul, thinking of what's right/wrong is their own choice with limited thought process is the reality that is faced by today's generation. On the other hand, if we talk about having faith, humans today are neither true nor trustworthy. Today if you go to seek individual opinions a person would rather believe an unknown than their own family/friends/relatives. This is surprising but true, that today's generation want to stay away from everyone, however there is no restriction or problem of love and care but still living on someone's guidelines is always difficult specially when a person has a stand for himself and is self-sufficient. Whenever a celebrity promotes a product or service, people are eager to buy it. But when a relative or friend of ours starts a new business, how often do we think in taking his product or service, we research it, judge it, and finally ensure not being a regular customer for it. Taking out negatives is easier than saying 'yes, you can do it'.One question that keeps popping up my mind, all the times, I'd like to put out here, Why we blindly believe in people whom we have never met, whom we do not even know well, who are already living a life full of amenities vis-à-vis people who live the same life as us or say that we have millions of reasons for not supporting our loved ones. Actually if we go out and measure reality these are mere excuses, yes! Just excuses. Why don't we for once question ourselves what are we doing? Why don't we understand that we are pushing our own people backwards? How can we trust a stranger more than our loved ones? Why are we not able to make this belief towards our loved ones? Think, about it... when you have some time for self-analysis

The Vocal for Local Campaign launched by the Prime Minister contains all the answers to these questions. We must go ahead and promote this initiative and do something good for bringing back the flavor of oneness and humanity amongst our people. When someone starts a new job, weaves thousands of dreams, the affection from their loved ones doubles but with the urge to work. This is the time when your oneness and companionship works to boost their courage, and they find a way to touch new heights. Even if you do not need that product or service at that very point in time, but it is always advisible to extend a hand of support to other people to maintain humanity and goodwill. It is a humble request, whenever a relative or friend posts about their business, do not forget to like, share and comment. Encourage them and their efforts, be a part of their journey and promote it together.

The Vocal for Local Campaign launched by the Prime Minister contains all the answers to these questions. We must go ahead and promote this initiative and do something good for bringing back the flavor of oneness and humanity amongst our people. When someone starts a new job, weaves thousands of dreams, the affection from their loved ones doubles but with the urge to work.The Vocal for Local Campaign launched by the Prime Minister contains all the answers to these questions. We must go ahead and promote this initiative and do something good for bringing back the flavor of oneness and humanity amongst our people.

लाख तरक्की के बावजूद हम बुजुर्गों का ख्याल रखने में पीछे हैं

बुढ़ापा किसी व्यक्ति की उम्र का एक ऐसा पड़ाव होता है, जिसमें प्रवेश करने के बाद उसके जीवन में एक बार फिर से बचपन दस्तक देता है। वही बचपन, जिसके लिए हम कहते हैं कि यह एक बार चला गया, तो फिर कभी लौटकर नहीं आएगा। वृद्धावस्था में बचपन का पुनः आगमन वास्तव में अद्भुत और अतुलनीय है। ऐसा इसलिए है क्योंकि बुजुर्ग व्यक्ति का स्वभाव एक बच्चे की तरह ही होता है, छोटी-छोटी बातों में खुशियां ढूंढने की आदत और भावनाओं का गहरा सागर, बड़े-बूढ़ों के दिलों में एक बच्चे की तरह ही उमड़ता है। जिस तरह एक छोटे बच्चे को हर क्षण अपनी माता के आँचल और पिता के साए से घिरे रहना बेहद लुभाता है, ठीक इसी प्रकार बुजुर्गों को भी अपने बच्चों को अपने आसपास हँसते-खेलते देख उत्तम आनंद की अनुभूति होती है। वे उम्र के इस अद्भुत पड़ाव में अपनों का प्यार और साथ चाहते हैं। इसलिए, उनके साथ बैठकर भोजन करें, उनके साथ टहलने जाएं, उनके स्वास्थ्य का ख्याल रखें,

उन्हें क्षण भर के लिए भी अकेला न छोड़ें, उनकी आवश्यकताओं का ध्यान रखें, उन्हें आश्वासन दें कि हर एक स्थिति में आप उनके साथ हैं। हम आए दिन विभिन्न क्षेत्रों में तरक्की कर रहे हैं, लेकिन सत्य यह है कि इन सबके बावजूद हम बुजुर्गों का ख्याल रखने में काफी पीछे हैं। जिन्होंने हमें ऊँगली पकड़कर चलना सिखाया, हमारी टूटी-फूटी बोली से जो जग जीत जाया करते थे, जिनकी गोद में हम पले-बढ़े, जिनकी आँचल की छाँव ने हम पर कभी दुःख रूपी धूप का साया तक नहीं पड़ने दिया, जिनके कांधों पर बैठकर हम दुनिया की सैर कर आते थे, जो खुद सारी रात जागकर हमें लोरियाँ सुनाते रहे, ताकि हम चैन की नींद सो सकें, जिन्होंने हमारे भीतर संस्कारों की मजबूत नींव गढ़ी, क्या हम उनके इन उपकारों को वास्तव में नजर अंदाज करने का विचार भी अपने मन में ला सकते हैं? अपने जीवन के अंतिम दौर में वे हमसे क्या चाहते हैं? सिर्फ परिवार का साथ। है ना!! लेकिन हम क्या कर रहे हैं? हम उनसे उनका बचपन और बुढ़ापा दोनों छीन रहे हैं। भले ही हमारा उद्देश्य नकारात्मक न हो, लेकिन कमाने की होड़ में हम घर की बुनियाद हिलाकर यानी बुजुर्गों का साथ छोड़कर एकल परिवार की नींव गढ़ रहे हैं, हम पूरे परिवार को जाने-अनजाने में तोड़ने का कारण बन रहे हैं, उनसे उनके सबसे अच्छे और सच्चे दोस्त, उनके नाती-पोते छीनने की वजह बन रहे हैं। दादी-नानी की कहानियां भी अब इस वजह से विलुप्त होती नजर आ रही हैं। कारण कुछ भी हो, लेकिन यह सत्य है कि बीते कुछ वर्षों में एकल परिवार का चलन काफी तेजी से बढ़ा है, ऐसे में बच्चे और बुजुर्ग दोनों ही एक-दूसरे के प्यार से वंचित हो रहे हैं। बहुत कम ही परिवार बचे हैं, जो बुजुर्गों के आशीर्वाद से फलीभूत हैं। क्या वास्तव में बुजुर्गों के आशीर्वाद के बिना हमारे जीवन के कुछ मायने हैं? बदलते जमाने के साथ आज कई बुजुर्ग अपने अंतिम दिन वृद्धाश्रम में गुजारने को मजबूर हो चले हैं। क्या उन्हें ठेस पहुँचाकर हम भविष्य में खुश रह पाएंगे? यह कतई न भूलें, कि आज हमारे द्वारा किए गए कर्म कल हमें ढूंढते हुए, जरूर हमारे सामने आएँगे। मंदिरों में भारी मात्रा में दिया गया चढ़ावा और नित दिन भी यदि हम दान-धर्म करें, तो हमें इसके लिए धूल के कण बराबर भी पुण्य फल प्राप्त नहीं होगा, यदि हम माता-पिता को पूजने में असमर्थ हैं, क्योंकि शास्त्रों में भी माता-पिता को भगवान् का स्थान दिया गया है। इसलिए, स्वयं से पहले उनका ख्याल रखें और उनके बुढ़ापे का सहारा बनें। जिनके सिर पर बुजुर्गों का हाथ है, सही मायने में वे ही दुनिया के सबसे धनी और सफल व्यक्ति हैं। -अतुल मलिकराम

मदद करें, यदि यह वास्तव में आपके लिए मतलब रखता है, इसलिए नहीं कि आप इसे लेकर मतलबी हैं:अतुल मलिकराम

इंदौर। आधुनिकता के पीछे भागती युवा पीढ़ी भावना के मोल को भूल चली है और खुद पर ओढ़ लिया है आवरण दिखावे का। ऐसा दिखावा जो अन्य लोगों से खुद को श्रेष्ठ मानने की लालसा से पीड़ित है। इस लालसा के दुष्प्रभावों के आभास से परे इंसान बढ़ा चला जा रहा है उस राह की ओर, जहाँ से मंजिल के रूप में सिर्फ स्वयं की प्रशंसा की धुंध दिखाई देती है। चलिए, हम इसे बतौर उदाहरण समझते हैं। बड़े-बुजुर्ग कहते हैं, यदि दान करो एक हाथ से तो दूसरे हाथ को पता मत चलने दो। उनके ऐसा कहने के पीछे एक बहुत ही बड़ा कारण है। बड़े-बुजुर्गों के कहे अनुसार जब भी हम किसी को कोई वस्तु, धन, अनाज आदि दान करते हैं, तो उसका लेखा हमारे अच्छे तथा पुण्य कर्मों में किया जाता है। यदि हम इसे दिखावे के

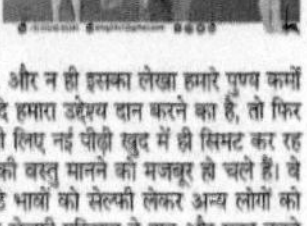

रूप में लेते हैं, तो यह दान सही मायने में व्यर्थ है, और न ही इसका लेखा हमारे पुण्य कर्मों में किया जाता है। कहने का तात्पर्य यह है कि यदि हमारा उद्देश्य दान करने का है, तो फिर दिखावा किस बात का? लेकिन इस ज्ञान की कमी लिए नई पीढ़ी खुद में ही सिमट कर रह गई है। दान को हमारे देश के युवा महज दिखावे की वस्तु मानने को मजबूर हो चले हैं। वे किसी दीन-दुखी की मदद करते समय मन में उठे भावों को सेल्फी लेकर अन्य लोगों को दिखाते हैं कि हम किसी की मदद कर रहे हैं। इस सेल्फी परिदृश्य ने दान और मदद करने की अवधारणा को बदलकर रख दिया है। चंद समय के लिए आपके मन को मिली यह बेबाक खुशी अंदर से किसी को तोड़ देती है। कुछ लोग इसे अपनी संपत्ति या धन दुनिया को दिखाने का सबब मानते हैं। धन का दिखावा उन्हें महज लोभ, शक्ति, श्रेष्ठता और घमंड की भावना देता है। पहले से दुखी उस व्यक्ति के दिल को कितनी ठेस पहुँचती होगी, जिस दिन इस सवाल का जवाब हमें मिल जाएगा, देश से दिखावे का नामो निशान मिट जाएगा। भगवान हम में से प्रत्येक का निर्माण प्रेम तथा सहजता से करते हैं।

लाख तरक्की के बावजूद हम बुजुर्गों का ख्याल रखने में पीछे हैं- अतुल मलिकराम

[illegible]

दिल से

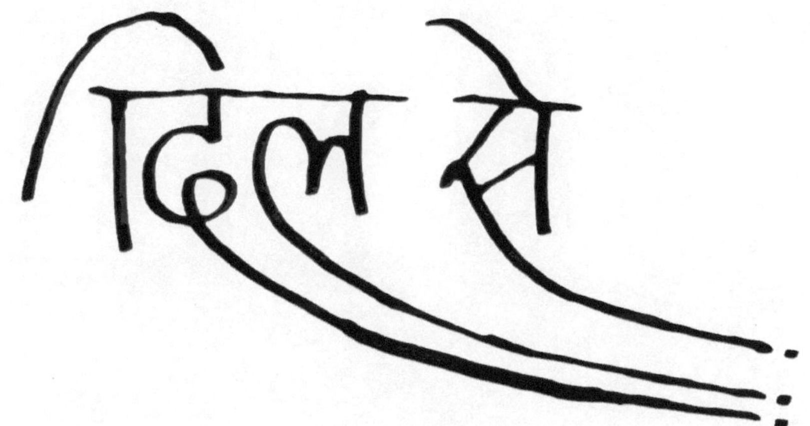

संस्कृति

ऑनलाइन खाना मंगवाते-मंगवाते, अब मम्मी भूली खाना बनाना

'मम्मी-मम्मी भूख लगी, रुक बेटा, अभी हो जाएगी फूड डिलीवरी।' हर घर का आजकल यही हाल बना हुआ है। या यूँ कह लें कि लोग अपने किचन का रास्ता ही भूल चुके हैं और यह नजारा देखकर यही लगता है कि आने वाले समय में घरों में से किचन स्पेस खत्म हो जाएगा। अरे भई! जब खाना बाहर से ही मंगवाना है तो फिर भला किचन की क्या जरूरत?

जी हाँ! भला कोई खाना तब बनाए ही क्यों, जब ऑनलाइन फूड डिलीवरी कंपनियाँ कस्टमर्स को इतने सस्ते दामों में घर बैठे खाना उपलब्ध करा रही हैं। इसलिए अब जब बच्चों को भूख लगती है, तो मम्मी किचन में जाने के बजाए, अपना स्मार्ट फोन उठा, इन फूड डिलीवरी ऐप्स पर पहुँच जाती हैं। यही वजह है कि बच्चे अब भूख लगने पर किचन की ओर देखने लगाने के बजाए मोबाइल पर टकटकी लगाकर फूड डिलीवरी करने वाले अंकल का इंतज़ार करते रहते हैं। जैसे ही दरवाजा खटखटाने की आवाज़ आती है, वैसे ही मम्मियाँ और बच्चे दोनों खुश हो जाते हैं, क्योंकि बच्चों को उनके मनमुताबिक खाना मिल जाता है और मम्मियों को किचन के काम से छुट्टी।

इसमें कोई दो राय नहीं है कि फूड डिलीवरी कंपनियों के 24X7 डिलीवरी सिस्टम की वजह से अब जब चाहे, जहाँ चाहे खाना उपलब्ध हो जाता है। इससे हमारे और आपके सिर से खाना बनाने का टेंशन पूरी तरह उतर चुका है, लेकिन एक समस्या जो अभी-भी हमारे सिर पर चढ़कर तांडव मचा रही है, वो हैं बीमारियाँ। जी हाँ, रोज-रोज खाना ऑर्डर करके लोगों ने मुफ्त में बीमारियाँ भी ऑर्डर कर ली हैं। यही कारण है कि लोगों की स्वास्थ्य संबंधी समस्याएं लगातार बढ़ती जा रही हैं।

गौरतलब है कि बाहर का खाना हाइजीनिक नहीं होता, ऐसे में फूड पॉइजनिंग की समस्या बनी रहती है। इतना ही नहीं, बार-बार बाहर का खाना खाने से शरीर को नुकसान पहुँचाने वाले केमिकल से 'थेलेट्स' का स्तर बढ़ जाता है,

जो शरीर में हार्मोन के संतुलन को बिगाड़ देते हैं, जिससे स्वास्थ्य प्रभावित होता है। बाहर के खाने में फैट और कैलोरी अधिक मात्रा में होती है, जो कि आपका वजन बढ़ा देती है और कुछ दिनों बाद आप खुद को मोटापे, लीवर में सूजन, पेट दर्द, गैस जैसी कई बीमारियों से घिरा हुआ पाते हैं। फिर ये बीमारियां धीरे-धीरे बड़ा रूप ले लेती हैं।

सच्चाई तो यह है कि बाहर का खाना खाने के चलते हर दूसरे घर में रोगी पैदा हो चुके हैं। यदि आपने भी इन फूड डिलीवरी कंपनियों के चलते अपने किचन में ताला लगा रखा है, तो उसे जल्द से जल्द खोलिए, वरना आपके किचन के दरवाजे पर लगा यह ताला जल्द ही आपको अस्पताल के दर्शन करा देगा।

आधुनिकता को अपनाने में कहीं विलुप्त न हो जाएं हमारे पारम्परिक त्यौहार

विभिन्न सांस्कृतिक परम्पराओं और दुनिया की सबसे अनूठी ऐतिहासिक विरासतों से परिपूर्ण भारत अपनी गोद में सम्पूर्ण विश्व की तुलना में सबसे अधिक त्यौहार समाहित किए हुए है। अनेकों संस्कृतियों तथा धर्मों को मानने वाले भारत में प्रत्येक वार त्यौहार होता है। इस प्रकार भारत त्यौहारों का देश है। प्रत्येक धर्म के अपने अलग पारम्परिक पर्व तथा उत्सव हैं, जो उस धर्म विशेष का पालन करने वाले लोगों के जीवन तथा उनकी पीढ़ियों में अपने धर्म के प्रति सदाचार की भावना जागृत रखने का सार्थक प्रयास करते हैं।

कि जैसे-जैसे भारत आधुनिकता की ओर अग्रसर हो रहा है, वैसे-वैसे अपने देश की संस्कृति तथा पारम्परिक त्यौहारों को भूलता जा रहा है। प्रतिस्पर्धा की होड़ में इंसान धार्मिक पर्वों के महत्व से पिछड़ता जा रहा है। यदि हम बतौर उदाहरण जनवरी माह में मनाई जाने वाली मकर संक्रांति की ही बात करें, तो कई लोगों के जीवन में व्यस्तता के चलते इस त्यौहार को मनाने का समय ही नहीं है। इस प्रकार साल में एक बार आने वाला यह त्यौहार अब गुमसुम-सा गुजर जाता है। अब बादल भी इस दिन पतंगों के रंगों से रंगीन होने को तरसते हैं। दुःख तो तब होता है जब कई लोग इसके महत्व तक को नहीं जानते। यदि आने वाले कुछ वर्षों तक ऐसा ही चलता रहा, तो सदियों से हमारी संस्कृति की शान बढ़ाने वाले ये त्यौहार एक दिन विलुप्त हो जाएंगे। हमें चाहिए कि हम इस दिन की महत्ता को समझें और नई पीढ़ी को भी हमारे सांस्कृतिक पर्वों के महत्व से अवगत कराएं। इसके साथ ही नववर्ष में इसे प्रण के रुप में लें।

सूर्य का मकर राशि में प्रवेश मकर संक्रांति के रुप में जाना जाता है। उत्तर भारत में यह पर्व 'मकर संक्रांति' के नाम से, गुजरात में 'उत्तरायण' के नाम से, पंजाब में 'लोहड़ी पर्व', उतराखंड में 'उतरायणी', गुजरात में 'उत्तरायण', केरल में 'पोंगल' और गढ़वाल में 'खिचड़ी संक्रांति' के नाम से मनाया जाता है। इस दिन पुण्य, दान, जप तथा धार्मिक अनुष्ठानों का अनन्य महत्व है। विभिन्न नामों से पहचाना जाने वाला यह पर्व पूरे देश में मनाया जाता है।

इस दिन गंगा स्नान तथा सूर्योपासना पश्चात् गुड़, चावल और तिल का दान श्रेष्ठ माना गया है। मकर संक्रांति के समान सम्पूर्ण पारम्परिक पर्वों की महत्ता को समझें, अपने लिए न सही अपितु पर्वों के बहाने ही पर्वों के लिए समय निकालें और अपनों के साथ इन पर्वों को यादगार बनाएं।

चलिए कुछ बेहतर करते हैं, चलिए इंदौरी बनते हैं

सभी जानते हैं कि इंसान का शरीर प्रकृति के पांच तत्वों अर्थात भूमि, आकाश, वायु, जल और अग्नि से मिलकर बना है। इस प्रकार एक इंसान बनने के लिए इन पाँचों तत्वों का होना बेहद आवश्यक है। वहीं दूसरी ओर, देश में अपना वजूद दिखाने के लिए अन्य पंचतत्व अर्थात आधार कार्ड, पैन कार्ड, वोटर आईडी, राशन कार्ड और मूल निवासी प्रमाण पत्र बनवाना बेहद जरुरी है। स्वभाविक सी बात है, हर देश के नागरिक को अपने पहचान संबंधी दस्तावेज पूरे करने होते हैं और वहाँ की संस्कृति के अनुसार स्वयं को ढालना होता है। कहने का अर्थ यह है कि एक इंसान या देशवासी बनना तो बेहद आसान है, लेकिन एक शहरवासी बनना बेहद कठिन। क्या? आप सोच में पड़ गए? हाँ! मैं शहरवासी की ही बात कर रहा हूँ। इस बात पर अपने विचार व्यक्त करने से पहले, चलिए मैं आपको इंदौर की सैर करा कर लाता हूँ।

भियाओ राम कह कर दिन की शुरुआत करने वाले मध्यप्रदेश के हमारे इंदौर की शान सबसे अलग है। इंदौर जैसा शहर और इंदौरियों जैसा दिल चिराग लेकर ढूंढने पर भी दुनिया के किसी कोने में नहीं मिलेगा। दूसरों की मदद करने की लगन हो, स्वच्छ इंदौर के प्रति अनुशासन हो, किसी जरूरतमंद के प्रति सेवाभाव हो, या समाजसेवा हो, हर एक इंदौरी सब छोड़छाड़ कर यह सब करने के लिए हर पल तत्पर रहता है। अनगिनत खूबियों से भरपूर इंदौर पूरी दुनिया में इकलौता शहर है, जहाँ के लोग सुबह छह बजे पोहे-जलेबी का नाश्ता करने के साथ ही रात के बारह बजे देख लो या दो बजे, सराफा तथा छप्पन की गलियों की रौनक में चार चाँद लगाते हुए जीवन यापन करते हैं। इस प्रकार सराफा तथा छप्पन की गलियां अरसे से इंदौर की जान हैं, और हमेशा रहेंगी। जोशी जी के दहीबड़े हों या चिमनबाग के कड़ी-फाफड़े, नीमा की आइसक्रीम हो या रवि और लाल बाल्टी की आलू की कचोरी, सराफा के भुट्टे का किस हो या जैन के गराडू, अन्ना भैया का पान हो या प्रशांत के पोहे, नई-नई डिशेस का स्वाद लेने का जो जस्बा और जोश इंदौरियों में देखने को मिलता है, वह दुनिया के किसी शहरवासी में नहीं मिलेगा।

राजवाड़ा की मैं बात करू, तो यहाँ की शान ही निराली है। इंडिया वर्ल्ड कप जीत जाए, तो जश्न मनाने पूरा शहर राजवाड़ा चौक पर जमा हो जाता है, जिसे इंदौरी बेहद अनूठे नाम से सम्बोधित करते हैं। जानना चाहेंगे? इसे हम इंदौरी जमावड़ा कहते हैं। हर तीज-त्यौहार पर सभी शहरवासियों का राजवाड़ा चौक पर इकठ्ठा होना इंदौर की शान है।

हम इंदौरी केवल खुशियां ही साथ मनाना नहीं जानते, बल्कि दुःख भी साथ में मनाते हैं। किसी नेता की मृत्यु हो या इंडिया के मैच हार जाने का गम, राजवाड़ा-चौक पर सारा शहर दुःख जताने साथ खड़ा रहता है। इस प्रकार इंदौरी सुख-दुःख के साथी हैं। प्रधानमंत्री नरेंद्र मोदी की आज्ञा का पालन करते हुए ताली-थाली बजाने के लिए भी हमारा जमावड़ा राजवाड़ा पर था। इतना ही नहीं, लॉकडाउन लगने के बाद का माहौल देखने भी हम इंदौरी राजवाड़ा चौक पर इकठ्ठा रहे। एकता की बात आती है तो हम कुछ बुरा होने की परवाह भी नहीं करते, एक बार जो ठान लिया उसे पूरा करके ही मानते हैं। यह अपनापन सिर्फ और सिर्फ हमारे इंदौर में ही देखने को मिलता है। अब आप निश्चित तौर पर समझ गए होंगे कि क्यों मैंने कहा था कि एक इंसान या एक देशवासी बनना तो बेहद आसान है, लेकिन एक शहरवासी यानि इंदौरी बनना बेहद कठिन। इंदौरी बनना बेहद मुश्किल काम है, लेकिन नामुमकिन नहीं। तो चलिए, कुछ अच्छा करते हैं, चलिए इंदौरी बनते हैं।

संस्कृति और विरासत की गोद में बैठे भारत से विलुप्त होते संस्कार

संस्कृति और विरासत की गोद में बैठे भारत को संस्कारों का देश कहा जाता है। अच्छे संस्कार हमारे देश के लोगों के रोम-रोम में बसते हैं। बात घर आए मेहमान का आदर सत्कार करने की हो या भोजन को देवतुल्य मानने की, माता-पिता और गुरु को भगवान् का दर्जा देने की हो या अन्य प्राणियों की सेवा की, सद्भावना और परोपकार की परिभाषा का ताना-बाना हर एक भारतीय के संस्कारों में जन्म से ही बुना होता है। वह देश महान है, जिसमें अतिथि देवो भव यानि अतिथि को देव की उपाधि दी जाती है, घर की बहु को लक्ष्मी और अन्नपूर्णा का दर्जा दिया जाता है, 'सर्वे भवन्तु सुखिनः सर्वे सन्तु निरामयाः' यानि सभी सुखी रहे और सभी रोगमुक्त हो ऐसी प्रार्थना की जाती है, और संसार के कण-कण में ईश्वर का वास माना जाता है। यहाँ घर-घर में राम और लक्ष्मण जैसे भाई, राजा जनक जैसे पिता और यशोदा जैसी माँ के प्यार से फलीभूत होता हर इंसान संयुक्त परिवार का सुख भोगता है। एक ऐसा परिवार, जो हर एक सुख और दुःख में अपने घर के सदस्यों के साथ कदम से कदम मिलकर चलता है। यह एकता का वह सबुत है, जो संयुक्त परिवार को पीढ़ियों तक एक सूत्र में बांधे रखता है।

मर्यादा पुरुषोत्तम श्री राम की इस भूमि के कण-कण में संस्कार बसते हैं। एक बच्चे के जन्म से पहले ही उसके अंदर संस्कारों का समावेश माँ द्वारा शुरु कर दिया जाता है। गीता, पुराण आदि पढ़कर एक माँ अपने बच्चे के जन्म से पूर्व ही अध्यात्म के ये गुण उसमें डालने का प्रयास करने लगती है। अपने से बड़ों और गुरुजनों का सम्मान करना बचपन से ही उसे सिखाया जाता है। भोजन करने से पूर्व हाथ जोड़कर प्रार्थना करना, भोजन को अपने से ऊँचा स्थान प्रदान करना, दान-धर्म करना, समाजसेवा करना, जरूरतमंदों के काम आना, पशु-पक्षियों के लिए दाना-पानी की व्यवस्था करना, अपने से पहले दूसरों के हित के लिए सोचना आदि अनेकों गुण परिवार के सदस्य बच्चों को बहुत कम उम्र से ही देने लगते हैं।

संयुक्त परिवार इसमे महत्वपूर्ण भूमिका निभाते हैं। लेकिन अब एकल परिवार का चलन बढ़ चला है, जिसके कई दुष्परिणाम सामने आ रहे हैं। आधुनिक दौर में विभिन्न कारणों से बच्चों में संस्कारों यानि कि अच्छी आदतों की कमी देखने को मिल रही है। प्रतिस्पर्धा की होड़ में माता-पिता बच्चों को घर में अकेला छोड़कर प्रतिदिन कमाने चले जाया करते हैं।

ऐसे में घर में कोई सदस्य ही नहीं बचता है उन्हें संस्कारित करने के लिए। दादी-नानी की कहानियों में जहान भर के ज्ञान का भण्डार होता है, जिससे नई पीढ़ी के बच्चे पूर्णतः वंचित हो चुके हैं। जिद्दी स्वभाव के धनी बच्चे अपनी ही दुनिया में मग्न दिखाई देने लगे हैं। न ही उनमें दूसरों से घुल-मिलकर रहने की कला बची है और न ही अपने से बड़ों का अदब। संस्कारों के इस देश में विलुप्त होते संस्कार या नई पीढ़ी की संस्कारहीनता वास्तव में बहुत बड़ी विडम्बना है।

हमें इस बात की महत्ता को समझना होगा कि नमस्ते करना, प्रकृति से प्रेम करना, सात्विक भोजन करना, घर में दाखिल होने से पहले मुँह-हाथ धोना, मरणोपरांत दाह संस्कार करना, तेरह दिन घर में ही रहना, और ऐसे बहुत से संस्कारों का सम्पूर्ण विश्व वर्तमान हालातों को देखते हुए सख्ती से पालन कर रहा है और विश्व गुरु भारत की संस्कृति को अपना रहा है, और एक हम हैं कि दिन-प्रतिदिन अपने संस्कारों से पिछड़ते जा रहे हैं।

अपने से छोटों को संस्कारित करना भी तो संस्कार की श्रेणी में ही आता है। लेकिन हम नई पीढ़ी को इन संस्कारों से वंचित कर रहे हैं। हम समाजसेवा से दूर हो चुके हैं, पशु-पक्षियों का ध्यान रखने का अब हमारे पास समय ही नहीं है। समय पर भोजन करना तथा समय पर सोना अब हमारी दिनचर्या से कोसों दूर हो चुके हैं। 'अहिंसा परमो धर्म' और 'दूसरों की मदद करो, बड़े आदमी बन जाओगे' जैसे महान कथन, महज कथन होकर रह गए हैं। हमें देखकर ही बच्चे सबकुछ सीखते हैं। इसलिए बच्चों पर पड़ रहे इन दुष्प्रभावों के भागी कहीं न कहीं हम ही हैं। हमें बच्चों को उनके सबसे अच्छे दोस्त, उनके दादा-नाना का साथ लौटाना होगा। संयुक्त परिवार के धनी देश के बिखरे परिवारों को एक बार फिर से जोड़ना होगा, जरूरतमंदों की सहायता और समाजसेवा बच्चों के हाथों से कराना होगी, ताकि वे इसकी महत्ता को समझ सकें। भारत की संस्कृति और संस्कार हमारी विरासत है, इसे विलुप्त न होने दें बल्कि अमर बनाए रखने में योगदान दें।

खत्म होने की कगार पर एक युग....

कस्तूरी मृग की कस्तूरी के समान लालसा से परिपूर्ण जब मैं अतीत की खुशबू लेने बैठा, तो पाया कि रोज रात को दादी की लोरी सुनकर सोने के बाद सुबह आँख खुलते समय मम्मी के हाथ पर लेटा हुआ मैं और शायद हर बच्चा इसी सुकून भरे प्रश्न के साथ उठा करता था कि आखिर मैं यहाँ कैसे आया? खैर, पापा के हाथों से ब्रश करके और दो बिस्किट के साथ चाय पीकर दादाजी के साथ सुबह की सैर, आने वाले पूरे दिन की थकान को दो-चार उबासियों के साथ ही खत्म कर देती थी। वापिस घर आकर मम्मी के हाथों से नहाकर, दादी का हाथ पकड़कर पास वाली काकी के घर फूल तोड़ने जाना और घर आकर उनकी साड़ी का पल्लू पकड़कर तुलसी कोट के गोल-गोल चक्कर लगाना, जिसे बड़े लोगों की भाषा में परिक्रमा कहते हैं, बड़ा ही अविस्मरणीय था।

प्रसाद मिलने की लालसा के साथ, घर की आगे वाली गली में दुर्गा माता के मंदिर तक दादी के साथ मेरी नन्हें-नन्हें पैरों वाली दौड़ मानों किसी धावक को पीछे छोड़ने जैसी थी। रास्ते में मिलने वालों से बात करने, उनका सुख दुःख पूछने, दोनो हाथ जोड़कर प्रणाम करने वाले संस्कार जीवन पर्यन्त हमारे साथ रहने वाले हैं। सुबह-सवेरे सामने आती गिलहरी की पूँछ पकड़ने उसके पीछे-पीछे भागना, मानों इस साल तो मुझे परीक्षा में अव्वल आने से कोई नहीं रोक सकता। फिर इस पर दादी के हाथों से दही-शक्कर खाकर इम्तिहान देने जाना तो जैसे सोने पर सुहागा था। हल्की-सी हरारत पर मेरी नज़र उतारना मेरे लिए जैसे धरती पर फरिश्ते की अनुभूति हुआ करती थी।

दादाजी के साथ हर शाम को छत पर जाकर पौधों को पानी देना और दिया-अगरबत्ती करने के बाद घर के आँगन में बैठकर दादी के साथ तोतली आवाज में भजन गाना....

गर्मियों में माँ और दादी के हाथों से बनें अचार, पापड़ और घर के कुटे मसाले पूरे साल घर को स्वादिष्ट सुगंध से भर दिया करते थे। सिल्ले पर पीसी टमाटर की चटनी और देशी साग-भाजियों का तो स्वाद मैं आज तक नहीं भूल पाया हूँ। वो लू से बचने के लिए छोटा-सा प्याज लेकर घर से निकलना, वो बड़े-बड़े घाव और दर्द को घरेलु नुस्खों से छूमंतर कर देने वाला जादू अब कहाँ सभी को आता है?

रात को जल्दी सोने और सुबह जल्दी उठकर सबसे पहले भगवान का चेहरा देखने वाली आदत, पड़ोस वाले काका के घर जाकर पूरे मोहल्ले का छाछ पीकर रामायण और भारत का मैच, दादाजी का नया चश्मा आ जाने के बाद भी सालों-साल पुराने चश्मे से वहीं अटूट स्नेह, अपने पुराने फोन पर मोहित पापा, फोन नंबर की डायरियाँ मेंटेन करने और रॉन्ग नम्बर से भी सहजता से बात करने वाली माँ, आने वाले कई महीनों की पूर्णिमा और एकादशी मुँह जबानी याद रखने वाली दादी माँ वाले सभी गुण नई पीढ़ी को कहाँ नसीब हुए हैं। मोबाइल के पीछे छिपी छोटी-सी दुनिया ने इस अनमोल जीवन का बोरिया-बिस्तर बाँधकर इसे रवानगी दे दी है, जो हमसे रूठकर जाने के लिए दरवाजे पर जा खड़ी हुई है।

जीवन के आनंद तो उस ज़माने में हुआ करते थे, जो अब विलुप्त होने की कगार पर हैं। एक युग विलुप्त होने की कगार पर है। हमें इस बात का अंदाज़ा भी नहीं है कि ज्ञान का असीमित भंडार लिए ये सभी लोग धीरे-धीरे हमारा साथ छोड़कर जा रहे हैं। सादगीपूर्ण और प्रेरणा देने वाला, मिलावट और बनावट रहित तथा सबकी फिक्र करने वाला आत्मीय जीवन अब धीरे-धीरे खत्म होने जा रहा है, जो अपने साथ जीवन की सादगी और अपनी अमिट छाप भी साथ ले जाएगा। हम चाहकर भी उनकी सीख को अपने में ढालने में अक्षम होंगे, क्योंकि तब तक हम उन्हें खो चुके होंगे। वे हमें बहुत कुछ देना चाहते हैं, लेकिन शायद हम ही लेना नहीं चाहते हैं। अभी-भी समय है, कुछ सीख लीजिए, ताकि आने वाली पीढ़ियों को आप यह धरोहर, यह विरासत अमानत के रूप में सौंप सकें।

न जाने कौन खा रहा है गाय की पहली और कुत्ते की आखिरी रोटी!

भारत विराट संस्कृति के आशीर्वाद से फलीभूत देश है, जिसकी अमिट छाप की गूँज समूची दुनिया में सदियों से है। इंसान के साथ ही समस्त प्राणियों के प्रति सेवा भाव रखने और इतना ही नहीं, उनके खान-पान का खुद की तरह विशेष ध्यान रखने की सीख हमारे पूर्वजों ने हमें अमानत के तौर पर सौंपी है। याद है! कैसे खाना बनाते समय घी-गुड़ के साथ पहली रोटी गाय को और आखिरी रोटी कुत्ते को खिलाने हम अपने दादाजी के साथ बड़े चाव से जाया करते थे और इसके बाद ही हम सभी परिवारजनों के साथ बैठकर भोजन किया करते थे। हमें बुजुर्गों ने ही सिखाया है कि प्राणियों का पेट भरना हमारा परम् कर्तव्य है। लेकिन यदि हम ध्यान देंगे, तो पाएँगे कि मनुष्य की अन्य प्राणियों से प्रेम की परिभाषा अब विराम लेने लगी है। गाय की पूजा करने वाले देश में सबसे पहले इस प्राणी के लिए रोटी निकालने की प्रथा भी अब समाप्ति की कगार पर है।

इस असीम परोपकार से दूरी बनाते लोगों को देख मेरे मन को अनगिनत सवाल कुरेद कर विचलित कर देते हैं। हमसे आस लगाए इन बेजुबानों की कद्र कौन करेगा? सुबह की पहली रोटी अब कौन गाय को देगा? कौन आखिरी रोटी कुत्ते को खिलाएगा? इस संस्कृति को पुनःजीवित कौन करेगा? हम क्यों यह भूल चले हैं कि इस धरती का हर एक प्राणी प्यार का भूखा है? हम क्यों भूल चले हैं कि अन्य प्राणी प्रकृति के साथ-साथ कुछ हद तक मनुष्य पर भी निर्भर है? श्राद्ध के सोलह दिनों में हम कौओं को भर पेट खाना खिलाते हैं, ताकि हमारे पूर्वज भूखे न रहें। इस मान्यता को सिर-आँखों पर रखते हुए मैं यहाँ पूछना चाहता हूँ कि यदि हम वर्ष के 365 दिन इन प्राणियों के प्रति प्रेम भाव रखें, तो इसमें हर्ज़ ही क्या है? दशा यह है कि कई घरों में अब समय आदि की कमी तथा नई सभ्यता अपनाने के चलते पहली और आखिरी रोटी निक◌ालने की परंपरा खत्म हो चली है, और कई घरों में निकलती भी है, तो घर में चार जगहों पर रखती-रखाती दिन ढलने के बाद कभी इन बेजुबानों के पास ये दो रोटियाँ पहुँचती हैं।

कुछ एक लोग यदि अपने घरों में जानवरों को स्थान देते भी हैं, तो विरोध के कटघरे में खुद को खड़ा पाते हैं। विरोध करने वाले लोगों का यह मानना है कि ये जानवर घर के बच्चों तथा बुजुर्गों के लिए हानिकारक हो सकते हैं, और इस प्रकार उन्हें नकार दिया जाता है। लेकिन नहीं, अब हमें इस सोच से ऊपर आना होगा। आखिरकार वे भी जीव हैं।

अपनी सोसाइटी का सबसे समझदार व्यक्ति आगे आए, और कम से कम एक गाय और एक कुत्ता अपनी सोसाइटी में जरूर पालें। चौकीदार की निगरानी में इन प्राणियों के खाने-पीने और देखरेख का जिम्मा आसपास के सभी रहवासी मिलकर उठाएँ। रही बात सफाई की, तो जब हम स्वच्छ भारत अभियान में योगदान दे सकते हैं, तो इन बेजुबानों के लिए भी साफ-सफाई की व्यवस्था आसानी से की जा सकती है। तो आज से ही प्रण लें कि पहली रोटी गाय और आखिरी रोटी कुत्ते के लिए निकालने की प्रथा हम जीवन पर्यन्त समाप्त नहीं होने देंगे।

समाचार पत्रों से

चलिए कुछ बेहतर करते हैं, चलिए इंदौरी बनते हैं अतुल मलिकराम, को-फाउंडर, पीआर 24x7

इंदौर। सभी जानते हैं कि इंसान का शरीर प्रकृति के पांच तत्वों अर्थात भूमि, आकाश, वायु, जल और अग्नि से मिलकर बना है। इस प्रकार एक इंसान बनने के लिए इन पाँचों तत्वों का होना बेहद आवश्यक है। वहीं दूसरी ओर, देश में अपना वजूद दिखाने के लिए अन्य पंचतत्व अर्थात आधार कार्ड, पैन कार्ड, वोटर आईडी, राशन कार्ड और मूल निवासी प्रमाण पत्र बनवाना बेहद जरूरी है। स्वभाविक सी बात है, हर देश के नागरिक को अपने पहचान संबंधी दस्तावेज पूरे करने होते हैं और वहाँ की संस्कृति के अनुसार स्वयं को ढालना होता है। कहने का अर्थ यह है कि एक इंसान या देशवासी बनना तो बेहद आसान है, लेकिन एक शहरवासी बनना बेहद कठिन। क्या? आप सोच में पड़ गए? हाँ! मैं शहरवासी की ही बात कर रहा हूँ। इस बात पर अपने विचार व्यक्त करने से पहले, चलिए मैं आपको इंदौर की सैर करा कर लाता हूँ। भियाओ राम कह कर दिन की शुरुआत करने वाले मध्यप्रदेश के हमारे इंदौर की शान सबसे अलग है। इंदौर जैसा शहर और इंदौरियों जैसा दिल चिराग लेकर ढूंढने पर भी दुनिया के किसी कोने में नहीं मिलेगा। दूसरों की मदद करने की लगन हो, स्वच्छ इंदौर के प्रति अनुशासन हो, किसी जरूरतमंद के प्रति सेवाभाव हो, या समाजसेवा हो, हर एक इंदौरी सब छोड़छाड़ कर यह सब करने के लिए हर पल तत्पर रहता है। अनगिनत खूबियों से भरपूर इंदौर पूरी दुनिया में इकलौता शहर है, जहाँ के लोग सुबह छह बजे पोहे-जलेबी का नाश्ता करने के साथ ही रात के बारह बजे देख लो या दो बजे, सराफा तथा छप्पन की गलियों की रौनक में चार चाँद लगाते हुए जीवन यापन करते हैं। इस प्रकार सराफा तथा छप्पन की गलियां अरसे से इंदौर की जान है, और हमेशा रहेंगी। जोशी जी के दहीबड़े हो या चिमनबाग के कढ़ी-फाफड़े, नीमा की आइसक्रीम हो या रवि और लाल बाल्टी की आलू की कचोरी, सराफा के भुट्टे का किस हो या जैन के गराडू, अभा भैया का पान हो या प्रशांत के पोहे, नई-नई डिशेस का स्वाद लेने का जो जज्बा और जोश इंदौरियों में देखने को मिलता है, वह दुनिया के किसी शहरवासी में नहीं मिलेगा। राजवाड़ा की मैं बात करूं, तो यहाँ की शान ही निराली है। इंडिया वर्ल्ड कप जीत जाए, तो जश्न मनाने पूरा शहर राजवाड़ा चौक पर जमा हो जाता है, जिसे इंदौरी बेहद अनूठे नाम से सम्बोधित करते हैं। जानना चाहेंगे? इसे हम इंदौरी जमावड़ा कहते हैं। हर तीज-त्यौहार पर सभी शहरवासियों का राजवाड़ा चौक पर इकट्ठा होना इंदौर की शान है। हम इंदौरी केवल खुशियां ही साथ मनाना नहीं जानते, बल्कि दुःख भी साथ में मनाते हैं। किसी नेता की मृत्यु हो या इंडिया के मैच हार जाने का गम, राजवाड़ा-चौक पर सारा शहर दुःख जताने साथ खड़ा रहता है। इस प्रकार इंदौरी सुख-दुःख के साथी हैं। प्रधानमंत्री नरेंद्र मोदी की आज्ञा का पालन करते हुए ताली-थाली बजाने के लिए भी हमारा जमावड़ा राजवाड़ा पर था। इतना ही नहीं, लॉकडाउन लगने के बाद का माहौल देखने भी हम इंदौरी राजवाड़ा चौक पर इकट्ठा रहे। एकता की बात आती है तो हम कुछ बुरा होने की परवाह भी नहीं करते, एक बार जो ठान लिया उसे पूरा करके ही मानते हैं। यह अपनापन सिर्फ और सिर्फ हमारे इंदौर में ही देखने को मिलता है। अब आप निश्चित तौर पर समझ गए होंगे कि क्यों मैंने कहा था कि एक इंसान या एक देशवासी बनना तो बेहद आसान है, लेकिन एक शहरवासी यानि इंदौरी बनना बेहद कठिन। इंदौरी बनना बेहद मुश्किल काम है, लेकिन नामुमकिन नहीं। तो चलिए, कुछ अच्छा करते हैं, चलिए इंदौरी बनते हैं।

જીવનની ખુશીઓ તે સમયે હતી જે હવે લુપ્ત થવાની આરે છે : અતુલ મલિકરામ

संस्कृति और विरासत की गोद में बैठे भारत से विलुप्त होते संस्कार- अतुल मलिकराम

न जाने कौन खा रहा है गाय की पहली और कुत्ते की आखिरी रोटी।- अतुल मलिकराम

आधुनिकता को अपनाने में कहीं विलुप्त न हो जाएं हमारे पारम्परिक त्यौहार: अतुल मलिकराम, फाउंडर, PR 24×7

विभिन्न सांस्कृतिक परम्पराओं और दुनिया की सबसे अनूठी ऐतिहासिक विरासतों से परिपूर्ण भारत अपनी गोद में सम्पूर्ण विश्व की तुलना में सबसे अधिक त्यौहार समाहित किए हुए है। अनेकों संस्कृतियों तथा धर्मों को मानने वाले भारत में प्रत्येक बार त्यौहार होता है। इस प्रकार भारत त्यौहारों का देश है। प्रत्येक धर्म के अपने अलग पारम्परिक पर्व तथा उत्सव हैं, जो उस धर्म विशेष का पालन करने वाले लोगों के जीवन तथा उनकी पीढ़ियों में अपने धर्म के प्रति सदाचार की भावना जागृत रखने का सार्थक प्रयास करते हैं।

भारत की प्रमुख पीआर कंपनी पीआर 24×7 के को-फाउंडर अतुल मलिकराम बताते हैं कि जैसे-जैसे भारत आधुनिकता की ओर अग्रसर हो रहा है, वैसे-वैसे अपने देश की संस्कृति तथा पारम्परिक त्यौहारों को भूलता जा रहा है। प्रतिस्पर्धा की होड़ में इंसान धार्मिक पर्वों के महत्व से पिछड़ता जा रहा है। यदि हम बतौर उदाहरण जनवरी माह में मनाई जाने वाली मकर संक्रांति की ही बात करें, तो कई लोगों के जीवन में व्यस्तता के चलते इस त्यौहार को मनाने का समय ही नहीं है। इस प्रकार साल में एक बार आने वाला यह त्यौहार अब गुमसुम सा गुजर जाता है। अब बादल भी इस दिन पतंगों के रंगों से रंगीन होने को तरसते हैं। दुःख तो तब होता है जब कई लोग इसके महत्व तक को नहीं जानते। यदि आने वाले कुछ वर्षों तक ऐसा ही चलता रहा, तो सदियों से हमारी संस्कृति की शान बढ़ाने वाले ये त्यौहार एक दिन विलुप्त हो जाएंगे। हमें चाहिए कि हम इस दिन की महत्ता को समझें और नई पीढ़ी को भी हमारे सांस्कृतिक पर्वों के महत्व से अवगत कराएं। इसके साथ ही नववर्ष में इसे प्रण के रूप में लें।

सूर्य का मकर राशि में प्रवेश मकर संक्रांति के रूप में जाना जाता है। उत्तर भारत में यह पर्व 'मकर संक्रांति' के नाम से, गुजरात में 'उत्तरायण' के नाम से, पंजाब में 'लोहड़ी पर्व', उत्तराखंड में 'उत्तरायणी', गुजरात में 'उत्तरायण', केरल में 'पोंगल' और गढ़वाल में 'खिचड़ी संक्रांति' के नाम से मनाया जाता है। इस दिन पुण्य, दान, जप तथा धार्मिक अनुष्ठानों का अनन्य महत्व है। विभिन्न नामों से पहचाना जाने वाला यह पर्व पूरे देश में मनाया जाता है। इस दिन गंगा स्नान तथा सूर्योपासना पश्चात् गुड़, चावल और तिल का दान श्रेष्ठ माना गया है। मकर संक्रांति के समान सम्पूर्ण पारम्परिक पर्वों की महत्ता को समझें, अपने लिए न सही अपितु पर्वों के बहाने ही पर्वों के लिए समय निकालें और अपनों के साथ इन पर्वों को यादगार बनाएं।

खत्म होने की कगार पर एक युग... - अतुल मलिकराम

Let's do something better, let's be an Indori: Atul Malikram

Indor, Jan. 15: According to Indian philosophy and Ayurveda, like the universe, our human body is also made up of five elements: earth, air, water, fire, and space. These five elements are associated with the overall health of a human being. On the other hand, to get the citizenship of a country, it is necessary to have 05 documents which are: Adhar card, PAN card, Voter ID, Ration card, and domicile certificate. Naturally, those seeking citizenship of a particular country need to prove their identity and have the required documents. It is easy to acquire the necessary documents to be a countryman, but it is very difficult to be a city dweller. Yes, I am talking about being a city dweller. Before venturing further, let me take you to the heart of Madhya Pradesh-Indore.

There is something different about Indore where people start their days by greeting each other saying, "Bhiyo ram". No where can you find a city such as Indore in the whole world. Whether it is about servicing needy people, the commitment of a clean Indore, or social service, Indoris are always ready to help. Indore is the only city in the world with innumerable specialties. People here are big foodies. Eating Poha-Jalebis early in the morning or chats in the midnight at Sarafa or Chappan, Indoris spend their life merrily and heartily. The streets of Sarafa and Chhappan have been the heart of Indore for a long time, and will always be. Joshi ji's Dahi Bade or Chiman Bagh's Kadhi-faafde, Neema's Ice Cream or Ravi aur Laal Balti ki Aloo ki Kachori, Sarafa's Bhutte ka Kis or Jain's Garadu, Anna Bhaiya's Paan or Prashant's Pohe, the passion and excitement of tasting variety of dishes can only be found in Indoris.

Rajwada is the pride of Indore. If India wins a World Cup, then the entire city is gathered at Rajwada Chowk to celebrate, which also has a very unique name. Would you like to know? It is called Indori Jamavra. This happens at every big and small festival. Not only celebrations but we Indoris stay together in bad times as well. Whether it is the death of a political leader or the loss of a match, the entire city mourns together at Rajwada-Chowk. In this way, Indoris are companions of happiness and sorrow. In obedience to the orders of Prime Minister Narendra Modi, people were gathered at Rajwada to clap, whistle and ring. Not only this, but they were gathered at Indore Rajwada Chowk to see the atmosphere of the city after the lockdown. People here always stand in a united front. No one can stop them if they are determined to do something.

This warmth and love can only be seen in Indore. Now you know why I said that it is easy to be a countryman but it is very difficult to be a city dweller like an Indories are. Being an Indori may be difficult but not impossible. So let's do something good, let's be an Indori.

न जाने कौन खा रहा है गाय की पहली और कुत्ते की आखिरी रोटी

भारत विराट संस्कृति के आशीर्वाद से फलीभूत देश है, जिसकी अमिट छाप की गूँज समूची दुनिया में सदियों से है। इंसान के साथ ही समस्त प्राणियों के प्रति सेवा भाव रखने और इतना ही नहीं, उनके खान-पान का खुद की तरह विशेष ध्यान रखने की सीख हमारे पूर्वजों ने हमें अमानत के तौर पर सौंपी है। याद है! कैसे खाना बनाते समय घी-गुड़ के साथ पहली रोटी गाय को और आखिरी रोटी कुत्ते को खिलाने हम अपने दादाजी के साथ बड़े चाव से जाया करते थे और इसके बाद ही हम सभी परिवारजनों के साथ बैठकर भोजन किया करते थे। हमें बुजुर्गों ने ही सिखाया है कि प्राणियों का पेट भरना हमारा परम् कर्तव्य है। लेकिन यदि हम ध्यान देंगे, तो पाएँगे कि मनुष्य की अन्य प्राणियों से प्रेम की परिभाषा अब विराम लेने लगी है। गाय की पूजा करने वाले देश में सबसे पहले इस प्राणी के लिए रोटी निकालने की प्रथा भी अब समाप्ति की कगार पर है। इस असीम परोपकार से दूरी बनाते लोगों को देख मेरे मन को अनगिनत सवाल कुरेद कर विचलित कर देते हैं। हमसे आस लगाए इन बेजुबानों की कद्र कौन करेगा, सुबह की पहली रोटी अब कौन गाय को देगा कौन आखिरी रोटी कुत्ते को खिलाएगा, इस संस्कृति को पुनःजीवित कौन करेगा हम क्यों यह भूल चले हैं कि इस धरती का हर एक प्राणी प्यार का भूखा है। हम क्यों भूल चले हैं कि अन्य प्राणी प्रकृति के साथ-साथ कुछ हद तक मनुष्य पर भी निर्भर है। श्राद्ध के सोलह दिनों में हम कौओं को भर पेट खाना खिलाते हैं, ताकि हमारे पूर्वज भूखे न रहें। इस मान्यता को सिर-आँखों पर रखते हुए मैं यहाँ पूछना चाहता हूँ कि यदि हम वर्ष के 365 दिन इन प्राणियों के प्रति प्रेम भाव रखें, तो इसमें हर्ज ही क्या है दशा यह है कि कई घरों में अब समय आदि की कमी तथा नई सभ्यता अपनाने के चलते पहली और आखिरी रोटी निकालने की परंपरा खत्म हो चली है, और कई घरों में निकलती भी है, तो घर में चार जगहों पर रखती-रखाती दिन ढलने के बाद कभी इन बेजुबानों के पास ये दो रोटियाँ पहुँचती हैं। कुछ एक लोग यदि अपने घरों में जानवरों को स्थान देते भी हैं, तो विरोध के कटघरे में खुद को खड़ा पाते हैं। विरोध करने वाले लोगों का यह मानना है कि ये जानवर घर के बच्चों तथा बुजुर्गों के लिए हानिकारक हो सकते हैं, और इस प्रकार उन्हें नकार दिया जाता है। लेकिन नहीं, अब हमें इस सोच से ऊपर आना होगा। आखिरकार ये भी जीव हैं। अपनी सोसाइटी का सबसे समझदार व्यक्ति आगे आए, और कम से कम एक गाय और एक कुत्ता अपनी सोसाइटी में जरूर पालें। चौकीदार की निगरानी में इन प्राणियों के खाने-पीने और देखरेख का जिम्मा आसपास के सभी रहवासी मिलकर उठाएँ। रही बात सफाई की, तो जब हम स्वच्छ भारत अभियान में योगदान दे सकते हैं, तो इन बेजुबानों के लिए भी साफ-सफाई की व्यवस्था आसानी से की जा सकती है। तो आज से ही प्रण लें कि पहली रोटी गाय और आखिरी रोटी कुत्ते के लिए निकालने की प्रथा हम जीवन पर्यन्त समाप्त नहीं होने देंगे।

अतुल मलिकराम,पॉलिटिकल एनालिस्ट

दिल से...

प्रेरणा

वर्ष 2021 होगा 14 महीनों का

जैसा कि हम सभी जानते हैं कि हमारा जीवन कालचक्र के इर्द-गिर्द घूमता रहता है, जो सदियों से अपना कार्य करता आ रहा है। कालचक्र का अर्थ समय का चक्र होता है, जहाँ समय को परिवर्तन के माप के रूप में देखा जाता है। बाहरी तौर पर इसे ग्रहों की कक्षाओं के चक्र, महीने और वर्ष की ऋतुओं, चन्द्रमा की कलाओं, दिन के घंटों आदि के रूप में मापा जा सकता है। जबकि आतंरिक तौर पर इसे जीवन की अवधियों के रूप में देखा जाता है, जैसे: शैशव, बाल्यावस्था, युवावस्था, प्रौढ़ता और वृद्धावस्था। ये बाहरी और आन्तरिक चक्र एक-दूसरे के समानान्तर चलते रहते हैं।

यदि हम बाहरी कालचक्र की बात करें, तो सेकंड, मिनट, घंटे, दिन, सप्ताह, महीने और साल इसमें पूर्णतः समाहित होते हैं। इतिहास गवाह है कि एक दिन के 24 घंटों और एक साल के 12 महीनों में कभी फेर-बदल नहीं हुआ है। लेकिन इतिहास के पन्नों पर स्वर्ण अक्षरों से एक वर्ष के लिए 12 नहीं, बल्कि 14 महीने लिखा गया है, यह वर्ष और कोई नई, 2021 है। इसलिए वर्ष 2021, 12 महीनों का नहीं, बल्कि 14 महीनों का होगा। जी हाँ, 14 महीनों का। कैसे?? जानना चाहेंगे?? तो सुनिए। आम आदमी को सोने के लिए मानक समय कम से कम 8 घंटों का चाहिए होता है। यदि हम अपने जीवन का मोल जानकर अपनी नींद में से 2 घंटे प्रतिदिन कम कर दें, तो हम अपने 30 दिनों के महीने से सीधे तौर पर 60 घंटे बचा लेंगे। अब यदि हम 12 महीनों तक ऐसा करने में समर्थ हो पाए, तो समझो कि हमने पूरे साल में से 720 घंटों पर जीत हासिल कर ली है। एक दिन के 24 घंटे से इसे विभाजित करने पर हम सीधे-सीधे 30 दिन यानि 1 महीना अपने नाम कर लेंगे, जिसका नाम है नाईट हसलरी।

दिल से
HOMEVARY
1 2 3 4 5 6 7
8 9 10 11 12 13 14
15 16 17 18 19 20 21
22 23 24 25 26 27 28
29 30
NIGHT HUSTLERY
1 2 3 4 5 6 7
8 9 10 11 12 13 14
15 16 17 18 19 20 21
22 23 24 25 26 27 28
29 30 31

हमारी रोजमर्रा की जिंदगी में अपने गंतव्य पर आने-जाने, तैयार होने में लगा समय प्रतिदिन लगभग 2 घंटे व्यर्थ करता है। यदि हम वर्ष 2020 से मिले वर्क फ्रॉम होम को कल्चर की तरह फॉलो करें, तो अपनी निजी जिंदगी से प्रतिदिन के 2 घंटे और उपरोक्त सूत्रों के अनुसार 1 और महीना सिर्फ हमारा होगा, जिसका नाम है होमवरी। इस प्रकार आपका आने वाला वर्ष 2021, 12+2=14 महीनों का होगा। तो सूत्र कंठस्थ कर लें: 2X30=60X12=720/24=30 दिन।

इन दो महीनों में वो काम करें, जिन्हें करने के लिए आपको 12 महीने कम पड़ जाते हैं, क्योंकि इन पर सिर्फ और सिर्फ आपका अधिकार है। वर्ष 2020 में कोरोना के कारण न हो सके कामों को पूरा करने का अवसर आपके लिए वर्ष 2021 लेकर आ रहा है, तो खुली बाँहों से स्वागत कीजिए इस अद्भुत वर्ष तथा दो नए महीने नाईट हसलरी और होमवरी का।

गूगल री-रूटिंग में छिपा निःस्वार्थ मदद का सार....

रोबोट स्क्वैयर से महेश्वर जाने के लिए मैंने जैसे ही गूगल मैप पर लोकेशन डाली, डायरेक्शन पर क्लिक करते ही काली स्क्रीन पर नीले रंग की लम्बी-सी लाइन मेरे मोबाइल में आ गई। बस फिर क्या था, उस लाइन पर नज़र आ रहे एरो के निशान के साथ-साथ मैं चल पड़ा, जो कहीं न कहीं सैटेलाइट से प्रदर्शित होता मेरा ही प्रतिबिम्ब था।

मुझे गाड़ी चलाने के दौरान कोई परेशानी न हो और बार-बार मोबाइल न देखना पड़े, इसके लिए पीछे बैठकर साथ जा रहे रास्ता बताने वाले किसी व्यक्ति की तरह एक लड़की की खूबसूरत आवाज़ मुझे मेरी मंजिल का रास्ता बताने लगी। एक कान में ब्लूटूथ की बड लगाकर मैं किशोर दा के गाने सुनते हुए अपनी ही धुन में चला जा रहा था, कि आवाज़ आई, "जस्ट टेक द राइट टर्न फ्रॉम कमिंग स्क्वैयर", जिस पर मेरा ज़रा भी ध्यान नहीं था। फिर क्या, मैंने लेफ्ट टर्न ले लिया, और अचानक गुर्राई आवाज़ में बदलती वह खूबसूरत आवाज़ कहती है, "मुर्ख मानव, मैंने जो कहा, क्या वह सुना नहीं? जब मेरी सुनना ही नहीं था, तो मदद मांगी ही क्यों? जा अब खुद ढूंढकर पहुँच अपनी मंजिल पर।"

उपरोक्त कथित बातें बेतुकी-सी प्रतीत हो रही होंगी? है ना.... लेकिन यह सत्य है। मदद की भावना से कोसों दूर जा चुका मानव अब अभिवृत्ति और अहम् की चकाचौंध में खो गया है। ज़रा गंभीरता से इस बात पर विचार करके देखना कि यदि हमारी छोटी-सी गलती पर गूगल मैप ठीक इसी तरह भड़क पड़े, तो क्या हो? यदि सच में ऐसा होने लगे, तो पूरी संभावना है कि हम इसका उपयोग करना ही बंद कर दें। लेकिन गूगल ऐसा नहीं करता है, वह तो केवल री-रूट करता है। यदि आप भटक भी गए, तो आपको अपनी मंजिल तक पहुँचाने का अगला सबसे अच्छा रास्ता दिखाता है। कथनार्थ यह है कि इसकी प्राथमिक रुचि आपको अपने लक्ष्य तक पहुँचाने में है, न कि आपकी गलती पर बुरा महसूस कराने में।

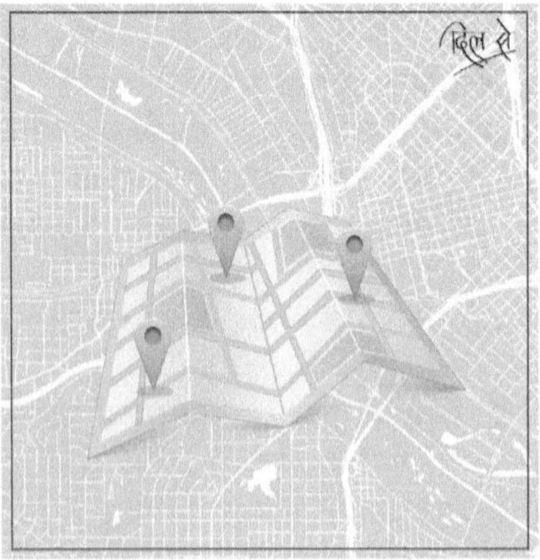

यह एक बहुत अच्छा सबक है.... अपनी निराशा और क्रोध को उन लोगों पर उतारना आसान है, जिन्होंने गलती की है। विशेष रूप से उन लोगों पर, जो हमारे करीबी और परिचित हैं।

लेकिन सबसे अच्छा विकल्प समस्या से उबारने में मदद करना है, दोष देना नहीं। तो क्यों न हम भी गूगल मैप की तरह सकारात्मक रहें और एक बड़ा बदलाव अपने भीतर लाने का सार्थक प्रयास करें?

स्नेह से समझाई गई बात का असर, नाराज़गी जताने से कई गुना अधिक होता है। हम यह क्यों भूल जाते हैं, कि आखिर वह भी इंसान ही है। मानवता के भाव को प्रखर रखते हुए अपने री-रूटिंग के क्षणों को जीवित रखें, फिर देखें, आप किस तरह अपनों के सबसे करीब हो जाते हैं। तो अब से अपनों के लिए गूगल मैप बनें, उन सभी लोगों का ख्याल रखें, और उन्हें जीवन रुपी मंजिल के आसान रास्तों से अवगत कराएं, जिनके लिए आप मायने रखते हैं।

संयम और मेहनत ही बनाते हैं आपका भाग्य

आपका नसीब, आपके हाथों में है। हाँ, बिल्कुल आपके ही हाथों में है। ठहरिए, कहीं आप लकीरों के फेर में तो नहीं फंस गए। मेरा मतलब हाथों की लकीरों से नहीं, बल्कि आपके कर्मों से है। मैं जानता हूँ कि ज्यादातर लोग भाग्य में यकीन करते हैं, उन्हें लगता है कि जिंदगी में भाग्य से बढ़कर कुछ नहीं है। लेकिन वो जो बार-बार, भाग्य-भाग्य चिल्लाते हैं, मैं उनसे पूछना चाहता हूँ कि क्या वो जानते हैं कि भाग्य, आखिर होता क्या है?

निश्चित तौर पर वो नहीं जानते। मैं यह नहीं कहता कि भाग्य जैसा कुछ नहीं होता। भाग्य, प्रबल और शक्तिशाली जरूर होता है, लेकिन वह पुरुषार्थ के बगैर अधूरा है। भाग्य हमारे कर्मों का ही संचय होता है। हमारे द्वारा किए गए कर्मों के फल के अनुरूप ही वह निर्धारित होता चला जाता है।

कभी-कभी मेहनत करने के बावजूद भी सफलता हाथ नहीं लगती, लेकिन यह सोचकर हम मेहनत करना ही छोड़ दें, यह भी तो गलत है। श्रीमद्भगवत गीता में श्रीकृष्ण ने भी तो यही उपदेश में यही दिया था कि "कर्म करो, फल की चिंता मत करो", क्योंकि कर्म ही हमारे वश में होते हैं, किस्मत या भाग्य पर हमारा नियंत्रण नहीं रहता।

चलिए मैं अपनी बात सरल शब्दों में समझाता हूँ। मान लीजिए आपका सपना डॉक्टर बनने का है। एक दिन आपके घर एक ज्योतिष आता है और वह भी "आपका सपना सच होगा", यह बात कहकर चला जाए, तो आप क्या करेंगे?

क्या आप मान लेंगे कि बस आप डॉक्टर बन ही गए, क्योंकि ज्योतिष के मुताबिक तो आपको डॉक्टर बनना ही है, या फिर मेहनत और दृढनिश्चय से अपने सपने को सच करने के प्रयास में जुट जाएँगे?

दरअसल दोस्तों, यदि आप हाथ पर हाथ रखकर बैठे रहेंगे, तो ऐसे में डॉक्टर बनना तो दूर, पास होने में भी आपके पसीने छूट जाएँगे। लेकिन हाँ, चाहे कोई ज्योतिष कहे न कहे, लेकिन यदि आप अपने सपने को संकल्प बनाकर लग्न और हिम्मत से उसमें जुटे रहेंगे, तो जरूर एक दिन उसे सच कर दिखाएँगे।

जी हाँ दोस्तों, आपका संयम और मेहनत ही आपका भाग्य बनाते हैं। याद रखिए, यह संसार कर्म प्रधान है। यहाँ कर्म के बिना कुछ भी संभव नहीं है। जहाँ तक रहा भाग्य का सवाल, उसकी चाबी ईश्वर के हाथों में हैं। आपके कर्म जितने अच्छे होंगे, ईश्वर उतने ही अधिक भाग्य के दरवाजे खोलता चला जाएगा।

जितनी होगी मेहनत, उतना भरेगा सफलता का घड़ा

ऑनलाइन शॉपिंग और फूड डिलीवरी के ज़माने में यदि आप किसी से पूछेंगे कि वे चाहते क्या हैं? तो जबाव एक ही मिलेगा 'कम्फर्टेबल लाइफ'। 'क्लिक एंड डन' के ज़माने ने लाइफ को कुछ ज्यादा ही कम्फर्टेबल बना दिया है। हमारी जरूरतें तो केवल एक क्लिक की दूरी पर हैं, लेकिन लक्ष्य, उनका क्या? कम्फर्टेबल लाइफ के चक्कर में हमने अपने लक्ष्यों से दूरी बना ली है।

ऐसा नहीं है कि हम जीवन में लक्ष्य निर्धारित नहीं करते, बिल्कुल करते हैं। लेकिन हम में से कितने ऐसे हैं जो अपने लक्ष्यों की पूर्ति कर पाते हैं? यदि आप खुद से सवाल करेंगे, तो अधिकतर को उत्तर 'न' ही मिलेगा। जी हाँ, हममें से बहुत कम ही लोग ऐसे हैं, जो अपने निर्धारित लक्ष्यों की पूर्ति कर पाते हैं। जबकि अन्य केवल अपने लक्ष्य की ओर कदम बढ़ाने के बजाए इसे आसान बनाने की कोशिश में लग जाते हैं।

ऐसे लोग हर रात केवल यही सोचकर सोते हैं कि हम कल से लक्ष्यपूर्ति की शुरुआत करेंगे, लेकिन उनका वह कल कभी आ ही नहीं पाता और वक्त बीतने के बाद वे केवल अफसोस करते रह जाते हैं कि काश उस वक्त मैंने अपनी धारणा पर काम कर लिया होता, तो आज मैं यहाँ न होता।

सक्सेस फंडा बिल्कुल सिंपल-सा है दोस्तों। यदि आपने अपने जीवन में लक्ष्य निर्धारित किए हैं, तो उन तक पहुँचने के लिए आपको हर रोज मेहनत की सीढ़ियां चढ़ना ही होंगी। जितना सुंदर आपका लक्ष्य होगा, उतनी ही कड़ी मेहनत आपको करना होगी।

जो यह सोचते हैं कि यह काम तो संभव ही नहीं है, वे गलत सोचते हैं, क्योंकि इस दुनिया में कुछ भी नामुमकिन नहीं है। लक्ष्य चाहे कितना ही कठिन क्यों न हो, यदि हम दृढ़ता के साथ उस रास्ते पर चलते चले जाएं, तो मंजिल जरूर मिलेगी। हाँ, लेकिन रुकना नहीं है, थमना नहीं है। मंजिल पाने के लिए खुद को मेहनत की आग में तपाना होगा, क्योंकि सफलता किसी ऐप पर मौजूद सामग्री नहीं है, जिसे आप ऑनलाइन ऑर्डर करके मंगा सकते हैं।

याद रखिए, जितनी आप मेहनत करेंगे, उतना ही सफलता का घड़ा भरता चला जाएगा। सपने, क्लिक से नहीं, बल्कि मेहनत से पूरे किए जाते हैं, कठिन रास्तों से गुजरना पड़ता है, तब जाकर एक व्यक्ति सफलता का स्वाद चख पाता है।

यदि लक्ष्य बड़ा है, तो मेहनत भी दोगुनी करना होगी। सफलता के लिए शुरुआत कल से नहीं, बल्कि आज से और अभी से करना होगी। आपका प्यार, आपकी पूजा, आपका ईश्वर, आपका लक्ष्य होना चाहिए। इसलिए आज से और अभी से अपने लक्ष्य को पाने में जुट जाइए और तब तक जुटे रहिए, जब तक आप सफलता के शिखर पर नहीं पहुँच जाते।

सफलता को साधने के लिए शब्द साधना जरूरी

वे, जो यह कहते हैं कि यह उनके बस की बात नहीं, या वे अपने सपने पूरे नहीं कर पाएँगे, शायद नहीं जानते हैं कि उनके कहे गए ये शब्द उनके जीवन पर क्या असर डालते हैं। जी हाँ, शब्दों का जीवन में बड़ा महत्व है। शब्द ही जीवन को अर्थ दे जाते हैं और शब्द ही जीवन का अनर्थ कर जाते हैं। बस चुनाव हमारा होता है कि हम किस तरह के शब्दों का अपने जीवन में उपयोग करते हैं।

यदि आप ध्यान देंगे, तो पाएँगे कि इस दुनिया में जितने भी प्रभावशाली व्यक्तित्व हैं, जैसे स्वामी विवेकानंद, महात्मा गांधी, अटल बिहारी वाजपेयी, अब्दुल कलाम आदि, वे अपनी भाषा में ऊर्जावान शब्दों का प्रयोग करते थे। आज वो भले ही इस दुनिया में नही हैं, लेकिन उनके शब्द रूपी विचार हमेशा-हमेशा के लिए अमर हो गए हैं।

वो कहते हैं न कि जुबान से निकला एक-एक शब्द बहुत मायने रखता है, सच कहते हैं, क्योंकि हमारे संवाद रूपी शब्द हमारे मस्तिक को प्रभावित करते हैं। हम जैसा सोचते हैं, वैसे ही विचार और आदतें हम में पैदा होती जाती हैं। दूसरे शब्दों में कहें, तो शब्द हमारी मानसिक अवस्था और हमारें व्यक्तित्व का आधार होते हैं। शब्द विज्ञान को समझना बहुत आवश्यक है, क्योंकि ये शब्द ही हमारे व्यक्तित्व निर्माण की आधारशीला होते हैं। वो व्यक्ति जिनकी सोच और शब्दों में नकरात्मकता होती है, उनका व्यक्तित्व भी नकरात्मक और ऊर्जाविहिन होता है। सफलता को साधना उनके बस की बात नहीं होती। इसलिए अपने शब्दों का चुनाव सोच-समझकर करें।

यदि जीवन में सफलता पाना चाहते हैं, तो हर रोज अपने आप से ये 5 बातें जरूर कहें:

मैं सर्वश्रेष्ठ हूँ

इस बात को कहते वक्त अक्सर बॉक्सर मोहम्मद अली का चेहरा मेंरे सामने आ जाता है, जो खुद को सर्वश्रेष्ठ मानते थे। यह वाक्य कुछ लोगों को अहंकारी जरूर प्रतीत होगा, लेकिन जब आप इस वाक्य को सही मायने में समझ पाएँगे, तो इसकी ताकत को भी महसूस कर सकेंगे। लेकिन केवल एक ही शर्त पर आप इसे कह सकते हैं, जब आप असल मायने में खुद को पूरी तरह से स्वीकार कर लें।

इस दुनिया में हर कोई किसी और की तरह बनने में लगा हुआ है, जबकि ईश्वर ने उसे एक अलग पहचान के साथ इस दुनिया में भेजा है। इसीलिए एक नकलची बन्दर बनाने के बजाए जब आप खुद की तलाश करेंगे, तो खुद को और अपने उद्देश्यों को पहचान पाएँगे।

मैं यह कर सकता हूँ

यदि आप कुछ बनने का सपना देखते हैं, तो आपके मन में दो आवाजें गूंजती हैं। एक जो आपको आगे बढ़ने के लिए प्रेरित करती है और दूसरी जो आपको पीछे धकेलती है। आपको उस आवाज को सुनना है जो आपको आगे बढ़ने के लिए प्रेरित करती है, क्योंकि जब आप उस आवाज को सुनेंगे, तो आगे बढ़ने का प्रयास करेंगे। याद रखिए, भले ही एक रास्ता कितना भी कठिन क्यों न हो, एक दिन चलते-चलते व्यक्ति अपनी मंजिल पा ही लेता है।

ईश्वर हमेशा मेरे साथ है

जिंदगी में कई ऐसे मोड़ आते हैं, जब दूर-दूर तक तलाशने के बावजूद भी कोई सहारा नज़र नहीं आता। ऐसे वक्त हताश न होवें, बल्कि अपनी आँखें मूंदकर ईश्वर को याद करें। याद रखिए, ईश्वर कभी अपने बच्चों का हाथ नहीं छोड़ता है, इसलिए दृढ़निश्चय के साथ अपने मार्ग पर आगे बढ़ते रहें।

मैं विजेता हूँ

नेल्सन मंडेला, दक्षिण अफ्रीका के पहले अष्वेत भूतपूर्व राष्ट्रपति, जिन्होंने सदियों से चली आ रही रंगभेद नीति का कड़ा विरोध किया और वे सफल हुए। यदि वे हार मान लेते, तो शायद आज भी पीढ़ियां, इस रंगभेद नीति का शिकार होती, लेकिन विजेता वाली भावना के साथ वे लड़े और तब तक लड़े जब तक उन्होंने जीत हासिल नहीं कर ली। इसलिए हर रोज आप भी खुद से यही कहें और एक विजेता के भांति अपना जीवन जीएं।

आज का दिन मेरा है

कल बीत चुका है, उसकी चिंता छोड़ दें। अपने आज को ऐसे जीएं कि आपका आज, एक यादगार आज में तब्दील हो जाए।

यदि आप अपने जीवन में संभावनाओं और सकरात्मकता से परिपूर्ण शब्दों का समावेश कर लेंगे, तो विश्वास मानिए, इन प्रेरणादायक शब्दों के सहारे आप कठिन से कठिन मार्ग को भी आसानी से पार कर जाएँगे, आप न केवल अपने करियर को, बल्कि अपने जीवन को भी सफल बनाने में कामयाब हो पाएँगे।

समाचार पत्रों से

गूगल री-रूटिंग में छिपा निःस्वार्थ मदद का सार...

रोबोट स्क्वैयर से महेश्वर जाने के लिए मैंने जैसे ही गूगल मैप पर लोकेशन डाली, डायरेक्शन पर क्लिक करते ही काली स्क्रीन पर नीले रंग की लम्बी-सी लाइन मेरे मोबाइल में आ गई। बस फिर क्या था, उस लाइन पर नज़र आ रहे एरो के निशान के साथ-साथ मैं चल पड़ा, जो कहीं न कहीं सैटेलाइट से प्रदर्शित होता मेरा ही प्रतिबिम्ब था।

मुझे गाड़ी चलाने के दौरान कोई परेशानी न हो और बार-बार मोबाइल न देखना पड़े, इसके लिए पीछे बैठकर साथ जा रहे रास्ता बताने वाले किसी व्यक्ति की तरह एक लड़की की खूबसूरत आवाज़ मुझे मेरी मंजिल का रास्ता बताने लगी। एक कान में ब्लूटूथ की बड लगाकर मैं किशोर दा के गाने सुनते हुए अपनी ही धुन में चला जा रहा था, कि आवाज़ आई, जस्ट टेक द राइट टर्न फ्रॉम कमिंग स्क्वैयर, जिस पर मेरा ज़रा भी ध्यान नहीं था। फिर क्या, मैंने लेफ्ट टर्न ले

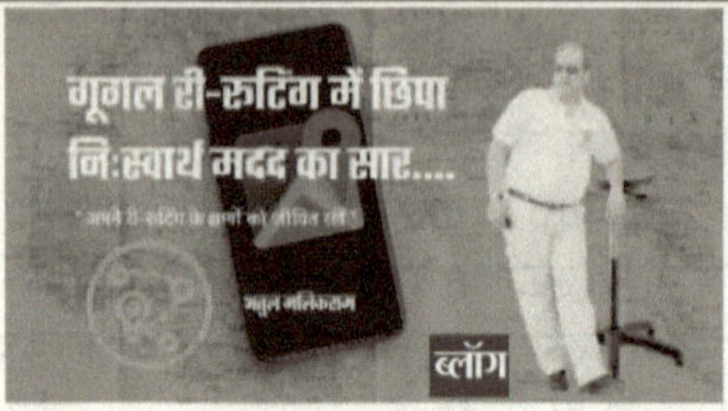

लिया, और अचानक गुर्राई आवाज़ में बदलती वह खूबसूरत आवाज़ कहती है, मुर्ख मानव, मैंने जो कहा, क्या वह सुना नहीं? जब मेरी सुनना ही नहीं था, तो मदद मांगी ही क्यों? जा अब खुद ढूंढकर पहुँच अपनी मंजिल पर।

उपरोक्त कथित बातें बेतुकी-सी प्रतीत हो रही होंगी? है ना.... लेकिन यह सत्य है। मदद की भावना से कोसों दूर जा चुका मानव अब अभिवृत्ति और अहम् की चकाचौंध में खो गया है। ज़रा गंभीरता से इस बात पर विचार करके देखना कि यदि हमारी छोटी-सी गलती पर गूगल मैप ठीक इसी तरह भड़क पड़े, तो क्या हो? यदि सच में ऐसा होने लगे, तो पूरी संभावना है कि हम इसका उपयोग करना ही बंद कर दें। लेकिन गूगल ऐसा नहीं करता है, वह तो केवल री-रूट करता है। यदि आप भटक भी गए, तो आपको अपनी मंजिल तक पहुँचाने का अगला सबसे अच्छा रास्ता दिखाता है। कथनार्थ यह है कि इसकी प्राथमिक रुचि आपको अपने लक्ष्य तक पहुँचाने में है, न कि आपकी गलती पर बुरा महसूस कराने में।

यह एक बहुत अच्छा सबक है.... अपनी निराशा और क्रोध को उन लोगों पर उतारना आसान है, जिन्होंने गलती की है। विशेष रूप से उन लोगों पर, जो हमारे करीबी और परिचित हैं। लेकिन सबसे अच्छा विकल्प समस्या से उबारने में मदद करना है, दोष देना नहीं। तो क्यों न हम भी गूगल मैप की तरह सकारात्मक रहें और एक बड़ा बदलाव अपने भीतर लाने का सार्थक प्रयास करें?

- अतुल मलिकराम

वर्ष 2021 होगा 14 महीनों का

अतुल मलिकराम

कालचक्र का अर्थ समय का चक्र होता है, जहां समय को परिवर्तन के माप के रूप में देखा जाता है। बाहरी तौर पर इसे ग्रहों की कक्षाओं के चक्र, महीने और वर्ष की ऋतुओं, चंद्रमा की कलाओं, दिन के घंटों आदि के रूप में मापा जा सकता है। जबकि आंतरिक तौर पर इसे जीवन की अवधियों के रूप में देखा जाता है, जैसे: शैशव, बाल्यावस्था, युवावस्था, प्रौढ़ता और वृद्धावस्था।

जैसा कि हम सभी जानते हैं कि हमारा जीवन कालचक्र के इर्द-गिर्द घूमता रहता है, जो सदियों से अपना कार्य करता आ रहा है। कालचक्र का अर्थ समय का चक्र होता है, जहां समय को परिवर्तन के माप के रूप में देखा जाता है। बाहरी तौर पर इसे ग्रहों की कक्षाओं के चक्र, महीने और वर्ष की ऋतुओं, चंद्रमा की कलाओं, दिन के घंटों आदि के रूप में मापा जा सकता है। जबकि आंतरिक तौर पर इसे जीवन की अवधियों के रूप में देखा जाता है, जैसे: शैशव, बाल्यावस्था, युवावस्था, प्रौढ़ता और वृद्धावस्था। ये बाहरी और आंतरिक चक्र एक-दूसरे के समानान्तर चलते रहते हैं। यदि हम बाहरी कालचक्र की बात करें, तो सेकंड, मिनट, घंटे, दिन, सप्ताह, महीने और साल इसमें पूर्णतः समाहित होते हैं। इतिहास गवाह है कि एक दिन के 24 घंटों और एक साल के 12 महीनों में कभी फेर-बदल नहीं हुआ है। लेकिन इतिहास के पन्नों पर स्वर्ण अक्षरों से एक वर्ष के लिए 12 नहीं, बल्कि 14 महीने लिखा गया है, यह वर्ष और कोई नहीं, 2021 है। इसलिए वर्ष 2021, 12 महीनों का नहीं, बल्कि 14 महीनों का होगा। जी हां, 14 महीनों का। कैसे? जानना चाहेंगे? तो सुनिए। आम आदमी को सोने के लिए मानक समय कम से कम 8 घंटों का चाहिए होता है। यदि हम अपने जीवन का मोल जानकर अपनी नींद में से 2 घंटे प्रतिदिन कम कर दें, तो हम अपने 30 दिनों के महीने से सीधे तौर पर 60 घंटे बचा लेंगे। अब यदि हम 12 महीनों तक ऐसा करने में समर्थ हो पाए, तो समझो कि हमने पूरे साल में से 720 घंटों पर जीत हासिल कर ली है। एक दिन के 24 घंटे से इसे विभाजित करने पर हम सीधे-सीधे 30 दिन यानि 1 महीना अपने नाम कर लेंगे, जिसका नाम है नाईट हसलरी। हमारी रोजमर्रा की ज़िंदगी में अपने गंतव्य पर आने-जाने, तैयार होने में लगा समय प्रतिदिन लगभग 2 घंटे व्यर्थ करता है। यदि हम वर्ष 2020 से मिले वर्क फ्रॉम होम को कल्चर की तरह फॉलो करें, तो अपनी निजी ज़िंदगी से प्रतिदिन के 2 घंटे और उपरोक्त सूत्रों के अनुसार 1 और महीना सिर्फ हमारा होगा, जिसका नाम है होमवरी। इस प्रकार आपका आने वाला वर्ष 2021, 12+2=14 महीनों का होगा। तो सूत्र कंठस्थ कर लें: 230=6012=720/24=30 दिन। इन दो महीनों में वो काम करें, जिन्हें करने के लिए आपको 12 महीने कम पड़ जाते हैं, क्योंकि इन पर सिर्फ और सिर्फ आपका अधिकार है। वर्ष 2020 में कोरोना के कारण न हो सके कामों को पूरा करने का अवसर आपके लिए वर्ष 2021 लेकर आ रहा है, तो खुली बांहों से स्वागत कीजिए इस अद्भुत वर्ष तथा दो नए महीने नाईट हसलरी और होमवरी का।

वर्ष 2021 होगा 14 महीनों का अतुल मलिकराम फाउंडर

मुंबई। जैसा कि हम सभी जानते हैं कि हमारा जीवन कालचक्र के इर्द.गिर्द घूमता रहता है, जो सदियों से अपना कार्य करता आ रहा है। कालचक्र का अर्थ समय का चक्र होता हैए जहाँ समय को परिवर्तन के माप के रूप में देखा जाता है। बाहरी तौर पर इसे ग्रहों की कक्षाओं के चक्र, महीने और वर्ष की ऋतुओं, चन्द्रमा की कलाओंए दिन के घंटों आदि के रूप में मापा जा सकता है। जबकि आंतरिक तौर पर इसे जीवन की अवधियों के रूप में देखा जाता है, जैसे: शैशव, बाल्यावस्था, युवावस्था, प्रौढ़ता

और वृद्धावस्था। ये बाहरी और आन्तरिक चक्र एक.दूसरे के समानान्तर चलते रहते हैं। यदि हम बाहरी कालचक्र की बात करें, तो सेकंड, मिनट, घंटे, दिन, सप्ताह, महीने और साल इसमें पूर्णतः समाहित होते हैं। इतिहास गवाह है कि एक दिन के 24 घंटों और एक साल के 12 महीनों में कभी फेर.बदल नहीं हुआ है। लेकिन इतिहास के पन्नों पर स्वर्ण अक्षरों से एक वर्ष के लिए 12 नहीं, बल्कि 14 महीने लिखा गया है, यह वर्ष और कोई नहीं, 2021 है। इसलिए वर्ष 2021, 12 महीनों का नहीं बल्कि 14 महीनों का होगा। जी हां, 14 महीनों का। कैसेए जानना चाहेंगेए तो सुनिए। आम आदमी को सोने के लिए मानक समय कम से कम 8 घंटों का चाहिए होता है। यदि हम अपने जीवन का मोल जानकर अपनी नींद में से 2 घंटे प्रतिदिन कम कर दें, तो हम अपने 30 दिनों के महीने से सीधे तौर पर 60 घंटे बचा लेंगे। अब यदि हम 12 महीनों तक ऐसा करने में समर्थ हो पाए, तो समझो कि हमने पूरे साल में से 720 घंटों पर जीत हासिल कर ली है। एक दिन के 24 घंटे से इसे विभाजित करने पर हम सीधे.सीधे 30 दिन यानि 1 महीना अपने नाम कर लेंगे, जिसका नाम है नाईट हसलरी। हमारी रोजमर्रा की ज़िंदगी में अपने गंतव्य पर आने.जानेए तैयार होने में लगा समय प्रतिदिन लगभग 2 घंटे व्यर्थ करता है। यदि हम वर्ष 2020 से मिले वर्क फ्रॉम होम को कल्चर की तरह फॉलो करें, तो अपनी निजी ज़िंदगी से प्रतिदिन के 2 घंटे और उपरोक्त सूत्रों के अनुसार 1 और महीना सिर्फ हमारा होगा, जिसका नाम है होमवरी।

गूगल री-रूटिंग में छिपा निःस्वार्थ मदद का सार- अतुल मलिकराम

चंडीगढ़ (गुरविंदर सिंह)। रोबोट स्क्वैयर से महेश्वर जाने के लिए मैंने जैसे ही गूगल मैप पर लोकेशन डाली, डायरेक्शन पर क्लिक करते ही काली स्क्रीन पर नीले रंग की लम्बी-सी लाइन मेरे मोबाइल में आ गई। बस फिर क्या था, उस लाइन पर नज़र आ रहे एरो के निशान के साथ-साथ मैं चल पड़ा, जो कहीं न कहीं सैटेलाइट से प्रदर्शित होता मेरा ही प्रतिबिम्ब था।

मुझे गाड़ी चलाने के दौरान कोई परेशानी न हो और बार-बार मोबाइल न देखना पड़े, इसके लिए पीछे बैठकर साथ जा रहे रास्ता बताने वाले किसी व्यक्ति की तरह एक लड़की की खूबसूरत आवाज़ मुझे मेरी मंजिल का रास्ता बताने लगी। एक कान में ब्लूटूथ की बड लगाकर मैं किशोर दा के गाने सुनते हुए अपनी ही धुन में चला जा रहा था, कि आवाज़ आई, 'जस्ट टेक द राइट टर्न फ्रॉम कमिंग स्क्वैयर', जिस पर मेरा ज़रा भी ध्यान नहीं था। फिर क्या, मैंने लेफ्ट टर्न ले लिया, और अचानक गुर्राई आवाज़ में बदलती वह खूबसूरत आवाज़ कहती है, 'मुर्ख मानव, मैंने जो कहा, क्या वह

सुना नहीं? जब मेरी सुनना ही नहीं था, तो मदद मांगी ही क्यों? जा अब खुद ढूंढकर पहुँच अपनी मंजिल पर।

उपरोक्त कथित बातें बेतुकी-सी प्रतीत हो रही होंगी? है ना... लेकिन यह सत्य है। मदद की भावना से कोसों दूर जा चुका मानव अब अभिवृत्ति और अहम् की चकाचौंध में खो गया है। ज़रा गंभीरता से इस बात पर विचार करके देखना कि यदि हमारी छोटी-सी गलती पर गूगल मैप ठीक इसी तरह भड़क पड़े, तो क्या हो?

यदि सच में ऐसा होने लगे, तो पूरी संभावना है कि हम इसका उपयोग करना ही बंद कर दें। लेकिन गूगल ऐसा नहीं करता है, वह तो केवल री-रूट करता है। यदि आप भटक भी गए, तो आपको अपनी मंजिल तक पहुँचाने का अगला सबसे अच्छा रास्ता दिखाता है। कथनार्थ यह है कि इसकी प्राथमिक रुचि आपको अपने लक्ष्य तक पहुँचाने में है, न कि आपको गलती पर बुरा महसूस कराने में। यह एक बहुत अच्छा सबक है.... अपनी निराशा और ' ध को उन लोगों पर उतारना आसान है, जिन्होंने गलती की है। विशेष रूप से उन लोगों पर, जो हमारे करीबी और परिचित हैं। लेकिन सबसे अच्छा विकल्प समस्या से उबारने में मदद करना है, दोष देना नहीं। तो क्यों न हम भी गूगल मैप की तरह सकारात्मक रहें और एक बड़ा बदलाव अपने भीतर लाने का सार्थक प्रयास करें?

प्रेम से समझाई गई बात का असर, नाराज़गी जताने से कई गुना अधिक होता है। हम यह क्यों भूल जाते हैं, कि आखिर वह भी इंसान ही है। मानवता के भाव को प्रखर रखते हुए अपने री-रूटिंग के गुणों को जीवित रखें, फिर देखें, आप किस तरह अपनों के सबसे करीब हो जाते हैं। तो अब से अपनों के लिए गूगल मैप बनें, उन सभी लोगों का सम्मान रखें, और उन्हें जीवन रूपी मंजिल के आसान रास्तों से अवगत कराएं, जिनके लिए आप मायने रखते हैं।

दिल से

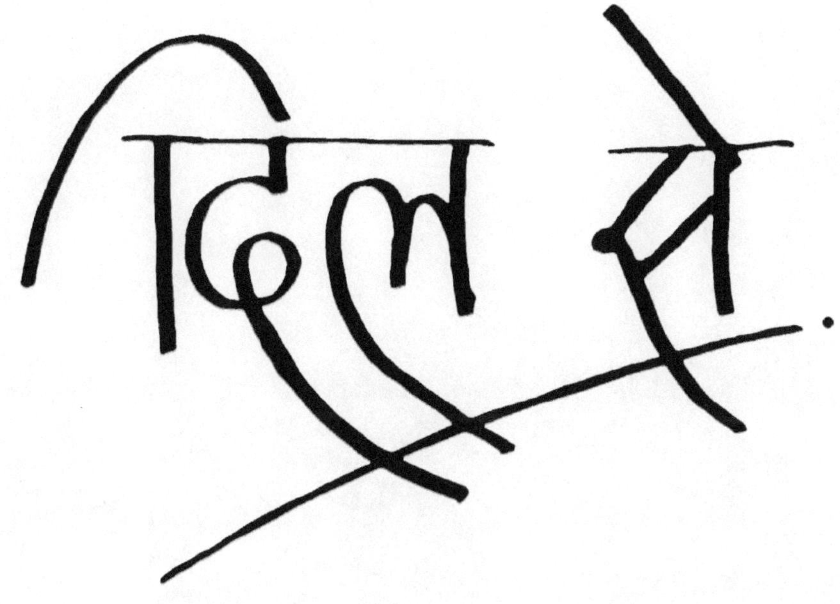

व्यवसाय

मदद के आगे माया का नहीं है कोई मोल

दूसरों की मदद करो, बड़े आदमी बन जाओगे.... कई मंदिर-मस्जिदों के बाहर ये पंक्तियाँ लिखी हुई मिल जाती हैं। कुछ लोग आर्थिक रूप से सक्षम होने के बावजूद ऐसी तमाम प्रेरक बातों तथा विचारों से ओतप्रोत नहीं होते, जबकि कुछ लोग दिल से जरूरतमंदों की मदद करना चाहते हैं, लेकिन आर्थिक संसाधनों की कमी के चलते वे खुद को इस नेक कार्य में पिछड़ा हुआ पाते हैं। इस प्रकार कई लोग इसे नजरअंदाज करते हुए आगे निकल जाते हैं, तो कई अनचाही चुप्पी साध लेते हैं, क्योंकि जाने-अनजाने में वे सहायता करने के लिए धन को ही प्रखर समझते हैं। लेकिन असल में मदद करने का धन से कोई अटूट नाता नहीं है।

बिना धन के भी मदद की जा सकती है। यकीन मानिए, इस उलझन भरे जीवन में जो सुकून किसी की सहायता करके मिलता है, यह सारे दुःखों को भुलाने वाला होता है, साथ ही बेशुमार खुशी का सृजन करने में अभूतपूर्व योगदान देता है।

यदि आप वास्तव में किसी की सहायता करना चाहते हैं, तो माया का कोई मोल नहीं है। मदद, माया से कई पायदान ऊपर है। आप एक धनवान व्यक्ति से कई गुना अधिक धनी हैं, यदि मदद करने की अद्भुत उपज आपके मन में प्रखर है। प्रत्येक व्यक्ति किसी न किसी गुण का धनी होता है, जिसका उपयोग वह किसी की सहायता करने के उद्देश्य से कर सकता है। यानी धन से परे अपने गुणों से भी आप किसी जरूरतमंद के काम आ सकते हैं।

पुराने समय के जिस भी चलन तथा परंपरा आदि को हम खंगालेंगे, अद्भुत उपहारों के रूप में हर समस्या का समाधान पाएंगे। पुराने समय में प्रचलित वस्तु विनिमय प्रणाली से भी आप वाकिफ होंगे ही। इसके अंतर्गत उचित मूल्य के अनुसार आवश्यक वस्तुओं का लेन-देन किया जाता था, क्योंकि उस समय धन का प्रचलन नहीं था। कहने का तात्पर्य यह है कि सहायता उस समय भी की जाती थी, जब धन नहीं था। इस प्रकार यह प्रणाली किसी विरासत से कम नहीं है, आवश्यकता है, तो इसे सहेजने की।

क्यों मौजूदा समय में हम इस अद्भुत प्रणाली का लाभ नहीं लेते हैं? किस किताब में लिखा है कि किसी वस्तु विशेष का लेन-देन करने के लिए पैसों की ही आवश्यकता होती है? यदि आपमें पढ़ाने का गुण निहित है, तो आप जरूरतमंद बच्चों आदि को बेहतर भविष्य प्रदान कर सकते हैं। यदि आप किसी कला आदि में निपुण हैं, तो इसका उपयोग करके भी किसी की सहायता कर सकते हैं, जिसके बदले में आप कुछ न लें, या अन्य व्यक्ति के साथ अपने अन्य गुणों या कलाओं का आदान-प्रदान कर सकते हैं। यह अटल सत्य है कि जो लोग दूसरों की मदद करते हैं, उन्हें कम तनाव रहता है, साथ ही वे मानसिक शांति और आनंद का अनुभव करते हैं। वे अपनी आत्मा से ज़्यादा जुड़े हुए महसूस करते हैं, और उनका जीवन संतोषपूर्ण होता है। जीवन के अंत में मनुष्य अपने पीछे कर्म छोड़ जाता है, जिसके बलबूते पर ही उसे अरसे तक याद किया जाता है। चलिए, हम भी इन चुनिंदा लोगों की श्रेणी में अपना नाम दर्ज कराते हैं, एक बार फिर वस्तु विनिमय प्रणाली को अपनाते हैं।

देव काल में ही विकसित हो गया था पब्लिक रिलेशन्स

पब्लिक रिलेशन्स शब्द कई बार सुनने में आता है, फिर भी कहीं न कहीं इसे समझने में कमी रह ही जाती है। तो आइए, आज हम आपको बताते हैं कि क्या है पब्लिक रिलेशन्स और किसने इसका उदय किया।

पब्लिक रिलेशन्स का सीधा अर्थ है 'पब्लिक (जनता) से संपर्क रखना'। रिलेशन अर्थात संबंधों के बिना समाज का तानाबाना नहीं बुना जा सकता है। खास बात यह है कि पब्लिक रिलेशन्स का विकास मानव काल में नहीं, बल्कि देव काल में ही हो गया था। पौराणिक कथाओं के अनुसार, भगवान विष्णु के परम भक्त नारद ऋषि की जनसंपर्क अर्थात पब्लिक रिलेशन्स बनाने में अहम् भूमिका रही। नारद ऋषि द्वारा ही पब्लिक रिलेशन का उदय हुआ, जो बेहतर भविष्य के साथ आज बिजनेस को प्रतिष्ठित करने में बेहद अहम् भूमिका निभा रहा है।

पब्लिक रिलेशन्स ऐसी प्रोसेस है, जो किसी व्यक्ति, प्रोडक्ट या सर्विस की इमेज तथा महत्व को समाज में स्थापित करने का कार्य करती है। यह पब्लिक के बीच किसी ब्रांड के प्रति विश्वास की नींव रखने में महत्वपूर्ण भूमिका निभाता है। पब्लिक रिलेशन्स समाज या समूह से जीवन्त सम्बन्ध बनाने में सेतु की तरह कार्य करता है।

पब्लिक रिलेशन्स की बिजनेस की गुडविल को बढ़ाने में बेहद अहम् भूमिका होती है। किसी ब्रांड के प्रति पब्लिक को लम्बे समय के लिए प्रभावित करने में पब्लिक रिलेशन्स महत्वपूर्ण योगदान देता है, जिससे ब्रांड की प्रतिष्ठा और जागरूकता विकसित होती है।

पब्लिक रिलेशन्स किसी ब्रांड की वैल्यू में बढ़ोतरी करने के साथ ही पब्लिक के बीच इसके प्रति सकारात्मक प्रभाव स्थापित करता है। पब्लिक रिलेशन्स किसी बिजनेस के लिए की जाने वाली निरंतर गतिविधि है, जो कम से कम निवेश में किसी ब्रांड को अधिक प्रतिष्ठित करने में सहयोग देता है।

पब्लिक रिलेशन्स बिजनेस के लिए प्रोडक्ट या सर्विस की पब्लिसिटी करने के साथ ही क्राइसिस को कंट्रोल करने में महत्वपूर्ण योगदान देता है। क्राइसिस कंट्रोल करने से तात्पर्य यह है कि मार्केट में यदि ब्रांड के बारे में नेगेटिव न्यूज आई है, तो पब्लिक के बीच उसे फैलने से पहले सही डायरेक्शन के साथ उसे पब्लिश किया जाए। इस प्रकार यह ब्रांड की गुडविल बनाए रखने के साथ ही पब्लिक के बीच प्रतिष्ठा स्थापित करता है। हम ऐसा भी कह सकते हैं कि पब्लिक रिलेशन्स किसी बिजनेस की क्रेडिबिलिटी को बढ़ाने में मदद करता है, क्योंकि यह कई ट्रस्टेड इंटरमीडियरीज के माध्यम से संचालित होता है। पब्लिक रिलेशन्स कम अनुमानित है क्योंकि ब्रांड और इसकी ऑडियंस और रिलेवेंट आइटम्स के बीच एक एजेंसी/व्यक्ति होता है।

मदर टेरेसा की वो 7 बातें, जो हर PR PRACTITIONERS के लिए मददगार साबित होती हैं

मदर टेरेसा एक ऐसी महिला हैं, जिन्हें दुनिया भर में उनकी करुणा, सहानुभूति और निस्वार्थता के लिए जाना जाता है। उनके मृत्योपरांत, आज भी लोगों और समाज के प्रति समर्पण के लिए उन्हें दिल की गहराइयों से याद किया जाता है। आज के BRANDS, AUDIENCE के बीच एक लंबे समय तक चलने वाली छवि बनाने का लक्ष्य रखते हैं। मदर टेरेसा के निम्नलिखित उदाहरणों से PR PRACTITIONERS कई सीख ले सकते हैं, जो उन्हें अपने CLIENTS के लिए एक लंबे समय तक चलने वाली छवि बनाने में मदद करेंगे। यहाँ 7 बातें बताई गई हैं, जिनका प्रत्येक PR PRACTITIONER को पालन करना चाहिए:

1. AUDIENCE को अपनी प्राथमिकता बनाएं

मदर टेरेसा ने एक बार कहा था,
"आपके पास आने वाला हर एक व्यक्ति मुस्कुराकर ही वापिस जाना चाहिए।"

BRANDS का वजूद अपने CUSTOMERS की वजह से ही होता है। आखिरकार, PUBLIC ही है जो PRODUCTS और SERVICES को खरीदती है। अपने सम्पूर्ण जीवन के दौरान, मदर टेरेसा अन्य लोगों की भलाई के लिए कार्य करती रहीं और खुद को दान, गरीबी और सादगी के साथ जीने के लिए समर्पित कर दिया। इसी प्रकार, BRANDS को भी जनता के प्रति केंद्रित होना चाहिए और उनके हित में मानवता का आदान-प्रदान होना चाहिए। मदर टेरेसा की अपने से पहले अन्य लोगों के हित में सोचने की उदारता को हर एक BRAND को भी निश्चित तौर पर अपनाना चाहिए।

2. PRACTICE WHAT YOU PREACH (जैसा कहा, वैसा करना)

BRANDS की अपनी एक पहचान होना चाहिए, जिससे कि व्यक्ति उन पर भरोसा कर सके। उस BRAND से बदतर कुछ भी नहीं है, जो कहता कुछ है और करता कुछ है। मदर टेरेसा अपने पूरे जीवन में एक ही बात सिखाई कि हमें अपना जीवन दूसरों की भलाई करने में ही व्यतीत करना चाहिए। वे स्वयं गरीबी में रहती थीं, लेकिन फिर भी दूसरों की सहायता करने के लिए भोजन और आपूर्ति की व्यवस्था करती थीं। PR PRACTITIONERS को भी ध्यान रखना चाहिए कि आप जैसा कहें, वैसा करें।

3. कड़ी मेहनत करें, भले ही कोई नहीं देख रहा हो

मदर टेरेसा को गति प्राप्त करने में बहुत समय लगा। DIGITAL युग के विकास के साथ, सफलता की धारणा बदल जाती है। आजकल ऐसा माना जाता है कि सफलता रातोंरात प्राप्त की जा सकती है। लेकिन, यह पूर्णतः गलत धारणा है। सफलता प्राप्त करने के लिए व्यक्ति को कड़ी मेहनत और ध्यान केंद्रित करने की आवश्यकता होती है। कई बार, आपको असफलता का सामना करना पड़ सकता है या आप हतोत्साहित महसूस कर सकते हैं, लेकिन इससे आपका ध्यान अपने लक्ष्यों से नहीं हटना चाहिए। कई बार हमें कड़ी मेहनत का फल उतना अच्छा नहीं मिलता है, जितनी हमने मेहनत की थी। लेकिन इसके प्रति अपना दृढ़विश्वास बनाए रखें क्योंकि देर से ही सही, फल अवश्य मिलेगा।

4. दूसरों के नक्शेकदम पर चलने के बजाए, अपना रुझान बनाएं

दुनियाभर में पहचान हासिल करने के बाद भी मदर टेरेसा ने इसकी चिंता किए बिना कि लोग क्या सोचते हैं, हमेशा ही एक साधारण जीवन जीना जारी रखा। उन्होंने खुली बाँहों से लोगों को स्वीकार किया, उन्हें आजीवन प्यार किया और उनकी देखभाल की। प्रति-सांस्कृतिक होने की क्षमता रखने वाले BRANDS भी अपनी AUDIENCE के जीवन में बहुत सारे बदलाव ला सकते हैं। यह एक जोखिम है, लेकिन साथ ही साथ प्रभावी भी है। अपने CUSTOMERS को लाभान्वित करने के लिए विभिन्न रुझान अपनाएं। ये आपकी BRAND VALUE को बढ़ाएंगे और आपको भीड़ से बिल्कुल अलग पहचान दिलाएंगे।

5. अपने आप पर विश्वास करें

मदर टेरेसा ने गरीबों की मदद करने और उन्हें ईश्वर के करीब लाने के लिए आजीवन बखूबी कार्य किया। सम्पूर्ण जीवन-काल के दौरान उनका आत्म-बलिदान उन्हें अन्य सभी लोगों से अलग स्थान देता है। इसी तरह, PR PRACTITIONERS को भी यह ध्यान रखना चाहिए कि BRANDS को अपने PRODUCTS तथा SERVICES को जीवंत रखने की आवश्यकता है, जो वे समाज को दे रहे हैं। उन्हें स्वयं पर विश्वास करना चाहिए। यह न केवल उन्हें काम में उद्देश्य स्थापित करने की भावना देगा, बल्कि यह भी सुनिश्चित करेगा कि PRODUCTS को PROMOTE करना वास्तविक हैं। BRANDS अपनी पूरी क्षमता तक पहुंच सकते हैं, यदि उन्हें अपने लक्ष्यों पर पूरा भरोसा है और वे इन लक्ष्यों के लिए काम करने को तैयार हैं।

6. आप जैसे हैं, वैसे ही रहें

एक बात जो मदर टेरेसा को उल्लेखनीय व्यक्ति बनाती है, वह यह है कि वे कभी-भी अपने काम से नहीं भटकी। प्रसिद्ध होने के बाद उन्हें एक आरामदायक जीवन जीने का अवसर मिला, लेकिन वे कभी-भी अपनी राह से नहीं भटकी। गरीबों और लाचारों के जीवन को बेहतर बनाने के लिए, और दूसरों की मदद करने के लिए वे सदैव तत्पर रहीं। BRANDS को भी अपनी DEMANDS और POPULARITY को देखते हुए भटक नहीं जाना चाहिए।

उन्हें अपनी प्रसिद्धि का आदी नहीं होना चाहिए और अपने वजूद को नहीं भूलना चाहिए। राह में कई ध्यान भटकाने वाले कारणों से अलग, BRANDS को अपने लक्ष्यों तक पहुंचने के लिए सटीक विकल्प बनाना चाहिए।

7. साधन संपन्न बनें

इस विषय को लेकर मदर टेरेसा का मार्ग प्रशस्त था कि उनके पास जो कुछ भी है, उसका उपयोग दूसरों की मदद के लिए किस प्रकार किया जाए। STRATEGIES बनाने से पहले, PR PRACTITIONERS की अंतर्दृष्टि भी स्पष्ट होना चाहिए और उन्हें इस बात का विश्लेषण करना चाहिए कि समाज में उनके BRAND का क्या प्रभाव है। मदर टेरेसा ने हमें सिखाया कि हमें फिजूलखर्ची नहीं करना चाहिए। समाज को वापस देने के लिए विभिन्न परोपकारी कारणों के रूप में हर BRAND को इसे स्वीकार करना चाहिए। अपने सभी संसाधनों के उपयोग के साथ, उन लोगों की मदद करने और समर्थन करने के विभिन्न तरीके खोजें जो इस दुनिया को जीने के लिए एक बेहतर स्थान बनाने की वजह बने।

दव काल म हा ावकासत हा गया था पाब्लक ारलशन्स; जान फाउंडर PR 24×7, अतुल मलिकराम से कुछ खास बातें

पब्लिक रिलेशन्स शब्द कई बार सुनने में आता है, फिर भी कहीं न कहीं इसे समझने में कमी रह ही जाती है। तो आइए, आज हम आपको बताते हैं कि क्या है पब्लिक रिलेशन्स और किसने इसका उदय किया।

पब्लिक रिलेशन्स का सीधा अर्थ है 'पब्लिक (जनता) से संपर्क रखना'। रिलेशन अर्थात संबंधों के बिना समाज का तानाबाना नहीं बुना जा सकता है। खास बात यह है कि पब्लिक रिलेशन्स का विकास मानव काल में नहीं, बल्कि देव काल में ही हो गया था। पौराणिक कथाओं के अनुसार, भगवान विष्णु के परम भक्त नारद ऋषि की जनसंपर्क अर्थात पब्लिक रिलेशन्स बनाने में अहम् भूमिका रही। नारद ऋषि द्वारा ही पब्लिक रिलेशन का उदय हुआ, जो बेहतर [illegible] में बेहद अहम् भूमिका निभा रहा है।

पब्लिक रिलेशन्स ऐसी प्रोसेस है, जो किसी व्यक्ति, प्रोडक्ट या सर्विस की इमेज तथा महत्व को समाज में स्थापित करने का कार्य करती है। यह पब्लिक के बीच किसी ब्रांड के प्रति विश्वास की नींव रखने में महत्वपूर्ण भूमिका निभाता है। पब्लिक रिलेशन्स समाज या समूह से जीवन्त सम्बन्ध बनाने में सेतु की तरह कार्य करता है।

पब्लिक रिलेशन्स की बिजनेस की गुडविल को बढ़ाने में बेहद अहम् भूमिका होती है। किसी ब्रांड के प्रति पब्लिक को लम्बे समय के लिए प्रभावित करने में पब्लिक रिलेशन्स महत्वपूर्ण योगदान देता है, जिससे ब्रांड की प्रतिष्ठा और जागरूकता विकसित होती है। पब्लिक रिलेशन्स किसी ब्रांड की वैल्यू में बढ़ोतरी करने के साथ [illegible] प्रभाव स्थापित करता है। पब्लिक रिलेशन्स किसी बिजनेस के लिए की जाने वाली निरंतर गतिविधि है, जो कम से कम निवेश में किसी ब्रांड को अधिक प्रतिष्ठित करने में सहयोग देता है।

पब्लिक रिलेशन्स बिजनेस के लिए प्रोडक्ट या सर्विस की पब्लिसिटी करने के साथ ही क्राइसिस को कंट्रोल करने में महत्वपूर्ण योगदान देता है। क्राइसिस कंट्रोल करने से तात्पर्य यह है कि मार्केट में यदि ब्रांड के बारे में नेगेटिव न्यूज आई है, तो पब्लिक के बीच उसे फैलने से पहले सही डायरेक्शन के साथ उसे पब्लिश किया जाए। इस प्रकार यह ब्रांड की गुडविल बनाए रखने के साथ ही पब्लिक के बीच प्रतिष्ठा स्थापित करता है। हम ऐसा भी कह [illegible]

की क्रेडिबिलिटी को बढ़ाने में मदद करता है, क्योंकि यह कई ट्रस्टेड इंटरमीडियरीज के माध्यम से संचालित होता है। पब्लिक रिलेशन्स कम अनुमानित है क्योंकि ब्रांड और इसकी ऑडियंस और रिलेवेंट आइटम्स के बीच एक [illegible]

मदद के आगे माया का नहीं है कोई मोल

कोटा ब्यूरो न्यूज

कोटा 26 जून। दूसरों की मदद करो, बड़े आदमी बन जाओगे.... कई मंदिर-मस्जिदों के बाहर ये पंक्तियाँ लिखी हुई मिल जाती हैं। कुछ लोग आर्थिक रूप से सक्षम होने के बावजूद ऐसी तमाम प्रेरक बातों तथा विचारों से ओतप्रोत नहीं होते, जबकि कुछ लोग दिल से जरूरतमंदों की मदद करना चाहते हैं, लेकिन आर्थिक संसाधनों की कमी के चलते वे खुद को इस नेक कार्य में पिछड़ा हुआ पाते हैं। इस प्रकार कई लोग इसे नजरअंदाज करते हुए आगे निकल जाते हैं, तो कई अनचाही चुप्पी साध लेते हैं, क्योंकि जाने-अनजाने में वे सहायता करने के लिए धन को ही प्रखर समझते हैं। लेकिन असल में मदद करने का धन से कोई अटूट नाता नहीं है। बिना धन के भी मदद की जा सकती है। यकीन मानिए, इस उलझन भरे जीवन में जो सुकून किसी की सहायता करके मिलता है, यह सारे दुखों को भुलाने वाला होता है, साथ ही बेशुमार खुशी का सृजन करने में अभूतपूर्व योगदान देता है। पीआर 24×7 के फाउंडर, अतुल मलिकराम कहते हैं, यदि आप वास्तव में किसी की सहायता करना चाहते हैं, तो माया का कोई मोल नहीं है। मदद, माया से कई पायदान ऊपर है। आप एक धनवान व्यक्ति से कई गुना अधिक धनी हैं, यदि मदद करने की अद्भुत उपज आपके मन में प्रखर है।

દેવ યુગમાં જનસંપર્કનો વિકાસ થયો હતોઃ અતુલ મલિકારમ, સ્થાપક પીઆર ૨૪૮૭

[illegible]

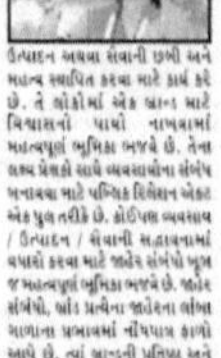

Money held no value when you have compassion In your heart

MUMBAI: Help others and you will be successful- this phrase can be sighted in front of many temples and other such places. Some people, despite being financially capable, lack the compassion and kindness to help others while some people want to help the vulnerables, but due to lack of financial resources, they find themselves unable to do so. But, help has nothing to do with money. You can help others even without money. A pocket full of money does not hold a candle in front of a compassionate heart. Giving back is good for others as well as for yourself because giving gives you a purpose and when you have a purpose-driven life, you are a happy person.

According to the Founder of PR24x7, Atul Malikram, "Helping someone does not necessarily involve money. You are far richer than a wealthy person if you have the compassion to help others. Every person has some quality in him to contribute to this world. If you want to help someone then there should be no place for any selfish gain. In short, you can still be of help to others even if your pocket is empty. If we delve deeper into our past and look closely at the traditions we will find solutions to every problem in the form of wonderful gifts. You must be aware of the barter system prevalent in the old times. Under this system, essential commodities were traded according to the fair value, because money was not in circulation at that time. That is to say, assistance was given even when there was no money. This system is no less than a legacy that needs to be saved.

Why don't we use this system in our present time? It is not necessary to use the money for the transaction of items. If you have the art of teaching, then you can teach vulnerable children and help them get a better future. If you are artistic, then you can support someone with your artistry. Scientifically, we have compelling data to support the anecdotal evidence that helping is a powerful pathway to mental health and lasting happiness. Those people who always come forward to extend their support to the needy feel more connected to their souls and live a content life. At the end of life, the man leaves behind his karma, based on which he is remembered for a long time. Let us also enrol ourselves in the category of these selected people, and adopt our legacy of the barter system.

www.ingramcontent.com/pod-product-compliance
Lightning Source LLC
Chambersburg PA
CBHW021012180726
47993CB00019B/2506
* 9 7 9 8 8 8 6 0 6 2 7 3 1 *